Lingüística básica del chino moderno

Chiara Uliana

Lingüística básica del chino moderno

GRANADA
2023

Colección Confucio

Didáctica

`

© CHIARA ULIANA
© UNIVERSIDAD DE GRANADA
ISBN: 978-84-338-7298-2 • Depósito legal: Gr./1942-2023
Edita: Editorial Universidad de Granada
Campus Universitario de Cartuja
Colegio Máximo, s.n., 18071, Granada
Telf.: 958 243930-246220
www: editorial.ugr.es
Fotocomposición: María José García Sanchis. Granada
Diseño de cubierta: Tarma, estudio gráfico. Granada
Imprime: Gráficas La Madraza. Albolote

Printed in Spain   *Impreso en España*

Prefacio

Este libro se ocupa de la lingüística básica del chino moderno de nivel inicial; los contenidos se han seleccionado a partir del silabo del nivel inicial uno del examen oficial de lengua china. Este material está dirigido a todas esas personas que quieren acercarse al chino moderno desde cero; también está pensado para el profesorado que imparte chino como segunda lengua que puede usar estos materiales como materiales de clase o de refuerzo. En estas páginas se incluyen explicaciones sobre los aspectos tipológicos y gramaticales fundamentales de la lengua china y ejercicios específicos para interiorizar los conceptos tratados. Además, para cada explicación y punto gramatical se ofrecen varios ejemplos con su correspondiente en español.

El chino y el español son dos idiomas muy diferentes y por ello hay ciertos conceptos lingüísticos básicos que se tratan en este libro con la finalidad de sentar las bases para un aprendizaje estable y eficaz. La autora de este libro tiene más de diez años de experiencia docente y ha basado los contenidos tratados aquí en las inquietudes, dudas y necesidades del alumnado que aprende chino en España. Se resumen en estas páginas los conocimientos que ha reunido a nivel académico teórico y práctico, se observan en estas páginas contenidos sobre gramática china, sintaxis, uso de las palabras, preposiciones, uso del chino, escritura, etc.

Este es un libro de nivel inicial basado en los contenidos indicados en el silabo del examen de certificación del idioma chino nivel uno, por ello, aquí se pueden encontrar principalmente los contenidos lingüísticos y gramaticales relacionados con dicho nivel, estos también representan los contenidos gramaticales y léxicos que ejercen como fundamento de la lengua china y se consideran esenciales para su aprendizaje.

El Hanyu Shuiping Kaoshi, 汉语水平考试

Muchos de los idiomas más estudiados tienen su propia prueba de certificación oficial, para el chino se llama 汉语水平考试, HSK en breve. Este examen de certificación del idioma chino tiene nueve niveles para el escrito y tres para la compresión auditiva y producción oral. Este libro sirve como base para los contenidos lingüísticos y gramaticales tratados en el nivel inicial uno. Como para todos los exámenes oficiales de certificación de idioma el HSK también tiene una estructura muy específica y es siempre recomendable realizar un buen número de simulaciones del examen, de esta manera se puede llegar preparados sobre la estructura de la prueba y lo que cada ejercicio pide hacer. Las destrezas principales que este examen evalúa son que los/ las participantes conozcan el significado de las palabras, sepan relacionar oraciones o palabras con imágenes, saber elegir la respuesta correcta para ciertas preguntas, completar oraciones con la palabra correcta. El examen escrito a este nivel evalúa la comprensión auditiva y escrita.

Con el objetivo de facilitar el aprendizaje, se ofrecen traducciones de los ejemplos, que siguen la estructura de las oraciones originales en chino.

1. Introducción a la lengua china

Aspectos específicos de la lengua china

El chino es el idioma más hablado del mundo, no obstante esto no hace que sea un idioma cuyas características resulten muy conocidas. Por lo general, al empezar el estudio de idiomas europeos, o mejor dicho indoeuropeos, rara vez una persona se plantea investigar o conocer ciertos aspectos de la lengua que se dispone a estudiar. Para el chino es diferente, siendo un idioma muy diferente a los que estamos acostumbrados a estudiar y tipológicamente muy lejano del castellano, consideramos útil e importante conocer ciertas características básicas sobre ello para agilizar el aprendizaje incluso a niveles iniciales.

(1) El chino escrito no tiene alfabeto, tiene caracteres o sinogramas. Esta conformación comporta ciertas consecuencias fundamentales para el idioma. Las palabras son invariables, es decir, no se le puede aportar ningún cambio estructural a las mismas. Por ejemplo, en español podemos crear el plural de una palabra añadiendo una -s: palabra - palabras. Esta estrategia lingüística no es posible en chino. En español podemos cambiar el género cambiando una sola letra dentro de dicha palabra: nosotros - nosotras. En chino esto no es posible puesto que los caracteres son unidades invariables.

(2) Los caracteres pueden resultar complejos de memorizar si esto se hace de manera aleatoria y desorganizada, sin seguir un esquema; pero, contrariamente a cuanto se cree, los caracteres no son dibujitos totalmente separados los unos de los otros. Los caracteres tienen unas estructuras internas específicas y limitadas, están compuestos por elementos bien acotados que a su vez están compuestos por un número limitado de trazos que siguen un sistema de escritura claro y organizado. Este aspecto se profundizará en el capítulo correspondiente.

(3) Los caracteres no indican su pronunciación, es decir, los elementos que componen los caracteres no son una suerte de letras, como puede ocurrir en otros idiomas. A lo largo de los años, varios autores y lingüistas, tanto chinos como extranjeros, han creado diversos sistemas para suplir esta falta. El más usado en la actualidad es el *pinyin* (拼音) 'transcripción fonética'. Es muy importante entender que esto es un instrumento para agilizar el aprendizaje de la lengua en cuestión y no sustituye el sistema de escritura oficial y actualmente utilizado; no es posible escribir y leer en chino sin usar los caracteres chinos.

(4) El chino no tiene desinencias, conjugaciones, tiempos verbales o casos; como decíamos más arriba los caracteres son invariables, por ello, no es posible reconocer la función de las palabras observando las terminaciones de las mismas o sus características morfológicas. Por ejemplo, en español sabemos que las palabras que terminan en -mente son, por lo general, adverbios: comúnmente, diversamente, rápidamente, lentamente, etc.; los verbos terminan en -ar, -er o -ir. Usualmente, es posible deducir la función de las palabras en chino empleando una de estas dos tácticas: conociendo la palabra y su función o deduciendo su función por la posición que la misma ocupa dentro de la oración en chino. Por esta razón, entre otras, es fundamental conocer la sintaxis del chino: y el orden de las palabras dentro de una oración. Mientras que en castellano existe cierta movilidad, por ejemplo podemos decir:

Yo **a menudo** voy a la playa.
Yo voy **a menudo** a la playa.
Yo voy a la playa **a menudo**.

Estos movimientos no comportan un cambio de significado muy evidente o drástico. En chino, al contrario, el movimiento de la misma palabra a posiciones diferentes dentro de la misma frase comporta cambios significativos. Por ejemplo:

wǒ   qù   jī chǎng péi   nǐ   wǒ   péi nǐ   qù   jī chǎng
我 去 机 场 陪 你。   →   我 陪 你 去 机 场。

Voy al aeropuerto a hacerte compañía.   Te acompaño/llevo
                                                                          al aeropuerto.

(5) El chino oral y el chino escrito son sustancialmente diferentes. Este fenómeno es algo que ocurre en menor medida también en otros idiomas. El orden de las palabras, las palabras usadas, el registro, y demás aspectos de la lengua son diferentes

entre el chino oral y el escrito. Esta no es una peculiaridad surgida de reciente, sino que a lo largo de la historia siempre ha existido esta diferenciación puesto que el chino escrito se ha ido fosilizando a lo largo de la historia y poco a poco se ha ido alejando del chino conversacional, hasta llegar a ser muy diferentes. Hoy en día las diferencias entre el chino escrito y el chino oral no son tan marcadas como en pasado, pero no hay que olvidarse que igualmente siguen existiendo ciertas desigualdades.

(6) Las lenguas se pueden categorizar bajo diferentes aspectos, uno de ellos son los tonos. Casi la mitad de los idiomas hablados en el mundo son tonales y el chino es uno de ellos. Los tonos son entonaciones diferentes que los hablantes ejercen sobre las palabras y que implican que el mismo sonido con diferentes tonos exprese ideas, conceptos distintos. En ciertos idiomas estas entonaciones solamente matizan ciertos aspectos, por ejemplo sorpresa, enfado, disgusto, duda, etc. mientras que en los idiomas tonales la información que transmite el mismo sonido con tonos diferentes también es diferente. Veamos un ejemplo:

Primer tono: 妈 Mā = mamá   Segundo tono: 麻 Má = cáñamo

Tercer tono: 马 Mǎ = caballo   Cuarto tono: 骂 Mà = regañar

La gran mayoría de las veces a tonos diferentes les corresponden caracteres diferentes y significados diferentes, aunque existen escasas excepciones. Para hablar y entender chino es fundamental saber usar y entender los tonos.

(7) En chino existen varias maneras de categorizar las palabras, la más importante es: 虚词 'palabras vacías' y 实词 'palabras llenas'. Las palabras llenas son palabras que tienen significado léxico, contenido semántico, es decir, expresan algún tipo de idea o significado del mundo real que nos rodea, por ejemplo en castellano las siguientes son palabras llenas: mesa, pájaro, árbol, coche, tierra, etc. Las palabras vacías son palabras que no conllevan un significado léxico, es decir, no significan nada sin estar acompañadas de otras, sino que expresan una función gramatical específica; en español también existen estos tipos de palabras pero no son tan abundantes como en chino. Estos son unos ejemplos de palabras vacías en español: de, en, pues, si, sino, te, etc. Es muy importante entender esta propiedad del chino puesto que la gramática en chino se transmite también gracias a estas palabras.

(8) Diferencias entre palabras y caracteres: Hay una diferencia fundamental que es importante tener claro antes de empezar a estudiar chino y es la que hay entre caracteres y palabras. Estos dos conceptos no coinciden, no son intercambiables, es decir, un carácter puede ser una palabra, pero una palabra puede estar hecha de más de un carácter. Las siguientes son palabras de un carácter: 水 'agua', 木 'madera',

图 ^{tú} 'dibujo', 来 ^{lái} 'venir'; las siguientes son palabras de dos caracteres: 桌子 ^{zhuō zi} 'mesa', 电脑 ^{diàn nǎo} 'ordenador', 老师 ^{lǎo shī} 'profesor/a', 衣服 ^{yī fú} 'ropa'; las siguientes tienes tres o más caracteres: 办公室 ^{bàn gōng shì} 'despacho', 名胜古迹 ^{míng shèng gǔ jì} 'monumentos históricos'.

(9) Cambio de categoría de las palabras chinas. En chino es bastante frecuente observar que una misma palabra puede ser verbo y sustantivo o verbo y adjetivo, sin que se observe ningún cambio estructural. En este caso, para saber qué función cubre la palabra tendremos que observar que la posición que tiene dentro de la frase en chino. Por ejemplo: 工作 ^{gōng zuò} puede ser 'trabajo' o 'trabajar', 红 ^{hóng} puede ser el adjetivo 'rojo' o puede tener función verbal y significaría 'ponerse rojo/enrojecer'; 喜爱 ^{xǐ ài} puede usarse como 'gustar' o 'satisfacción', etc.

Ejercicios

1. Contesta a estas preguntas para revisar lo que acabas de leer. Usa tus propias palabras para contestar a estas preguntas, como si estuvieras explicando estos contenidos a una persona que se acerca al chino por primera vez. Usar nuestras propias palabras a la hora de transmitir ciertos contenidos hace que esos contenidos se vuelvan más estables en nuestra memoria y nos quede más claro lo que intentamos explicar, ayudándonos de esta manera a interiorizar los conceptos que estamos estudiando.

    1) ¿El chino tiene alfabeto?
    2) ¿Qué se usa en chino moderno para comunicar por escrito?
    3) ¿Qué es el *pinyin*? ¿Puedo usarlo para comunicar por escrito? ¿Por qué?
    4) ¿Cómo se sabe cuál es la pronunciación de un carácter?
    5) ¿Los caracteres son unos dibujos totalmente diferentes los unos de los otros, sin ninguna relación estructural interna?
    6) ¿Los elementos que componen los caracteres parecidos a letras de las palabras?
    7) ¿El orden de las palabras en chino es importante? ¿Por qué?
    8) ¿Qué aspecto de la lengua china hace que sea fundamental conocer bien el orden correcto de las palabras en chino?
    9) ¿Cambiar el orden de los elementos de una oración en chino qué comporta?
    10) ¿Qué son los tonos? ¿Qué uso tienen?
    11) ¿Qué son las palabras vacías? ¿Sabes poner algún ejemplo de palabras vacías en español?
    12) ¿Qué son las palabras llenas? ¿Sabes poner algún ejemplo de palabras llenas en español?

2. Sistema de pseudo-notación fonética: *PINYIN*

El *pinyin* es un instrumento que se emplea para aprender a pronunciar los caracteres chinos. La creación del *pinyin* es relativamente tardía, puesto que los primeros caracteres aparecieron hace miles de años y el *pinyin* en la década de los 50 del siglo pasado. No es estrictamente considerado parte del idioma chino y no funciona como un sistema de escritura, sino más bien una herramienta auxiliar del mismo. Igualmente, tiene unas reglas de base que es importante conocer para poder emplearlo de manera correcta, además de ser útil para facilitar la comprensión del mismo. Una sílaba en chino está compuesta, por lo general, de dos partes: consonantes iniciales + vocales finales.

Consonantes iniciales			
		c	ts, expulsando aire con la lengua apoyada en el paladar y los dientes cerrados
b	como en la palabra **beso**	s	como en la palaba **s**altar
p	como en la palabra **p**atata, expulsando aire	zh	dj
m	como en la palabra **m**amá	ch	como en la palabra **ch**urro
f	como en la palabra **f**uego, expulsando aire	sh	como en inglés en la palabra **sh**ock
d	como en la palabra **d**iente	r	como **r**acimo pero sin que la lengua golpee el paladar
t	como en la palabra **t**arde, expulsando aire	w	como en la palabra c**u**ello
n	como en la palabra **n**ada	y	**i** como en la palabra **i**nterno
l	como en la palabra **l**uego	**Vocales finales**	
g	como en la palabra **g**ato	a	como en la palabra **a**mar
k	como en la palabra **k**imono, expulsando aire	e	este sonido no existe en español, se produce emitiendo un sonido gutural desde la garganta sin modificar la posición de los labios
h	como en la palabra **j**usto	i	como en la palabra **i**sla
j	como en la palabra **j**eep	o	como la palabra **o**belisco
q	como en la palabra **ch**urro, expulsando aire	u	como en la palabra **u**bicarse
x	sh con los dientes cerrados	ü	como ü en alemán o en francés
z	dz, como el sonido que hacen los mosquitos		

2.1. *Tonos*

En chino existen 4 tonos más un tono neutro que no se señala.

Primer tono	Segundo tono	Tercer tono	Cuarto tono
−	⁄	∨	＼
Mā	Má	Mǎ	Mà

La misma sílaba con tonos diferentes, por lo general, indica ideas y significados diferentes, por ejemplo: 妈 Mā = mamá, 麻 Má = cáñamo, 马 Mǎ =
caballo, 骂 Mà = regañar. Los tonos solamente se colocan en las vocales, las
consonantes no llevan tonos. Cuándo en una sílaba solamente hay una vocal,
entonces el tono se coloca en esa vocal, si hay más que una se aplican las siguientes reglas:

1. Si hay una A se coloca en la A: lái, mái, liàn, piàn, etc.
2. Si no hay una A, se coloca en la E u O: tuó, lèi, méi, nuò, etc.
3. Si no hay A, E u O, entonces solamente puede haber una sílaba compuesta
   de I e U. En este caso se coloca en la segunda: liù, tuí, duì, niú, etc.

2.1.1. *Particularidades*

Por lo general, los tonos se mantienen iguales, pero en algunas ocasiones
se producen cambios de tonos.

yī
—

Cuándo a esta palabra le sigue otra de cuarto tono, se transforma en un
segundo tono: yī — + carácter con un 4º tono = carácter con un 2º tono + carácter con un 4º. Cuándo a esta palabra (yī —) le sigue otra de cualquier otro tono,
se transforma en un cuarto tono.

yī — + 1º = 4º+1º - Por ejemplo: 一声 yī shēng →→ yì shēng

yī — + 2º = 4º+2º - Por ejemplo: 一回 yī huí →→ yì huí

yī — + 3º = 4º+3º - Por ejemplo: 一两 yī liǎng →→ yì liǎng

Cuándo yī — no acompaña otras palabras o se encuentra al final de una
palabra polisílaba entonces permanece con su tono original, es decir el primer
tono.

不

不 solamente cambia de tono cuándo después se encuentra una palabra o carácter con cuarto tono, se transforma en 不 con un segundo tono.

不 con un 4º tono + carácter con un 4º tono = 不 con un 2º tono + carácter con un 4º tono. Por ejemplo: 不幸 bù xìng→→bú xìng

不上不下 bù shàng bù xià →→ bú shàng bú xià

不 antes de una sílaba con los demás tonos no cambia de tono.

Terceros tonos

Una sílaba con un tercer tono seguida por otra con tercer tono se transforma en una sílaba con segundo tono seguida por otra con segundo tono: sílaba con un 3º tono + sílaba con un 3º tono = sílaba con un 2º tono + sílaba con un 3º tono. Por ejemplo, las siguientes palabras tienen todas dos terceros tonos seguidos: 你好、演讲、整理 y pasan a tener ´+∨, es decir, un 2º tono seguido por un 3º tono.

El semitercer tono es un tono en el que se omite la última parte ascendente.

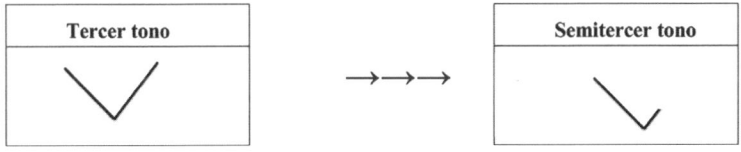

Una sílaba con un tercer tono seguida por otra con primer tono se transforma en una sílaba con semitercer tono: 演出: sílaba con 3º tono + sílaba con 1º tono = sílaba con semitercer tono + sílaba con 1º tono →→∖ + –.

Una sílaba con un tercer tono seguida por otra con segundo tono se transforma en una sílaba con semitercer tono: 演员: sílaba con 3º tono + sílaba con 2º tono = sílaba con con semitercer tono + sílaba con 2º tono →→ ∖ + ´.

Una sílaba con un tercer tono seguida por otra con cuarto tono se transforma en una sílaba con semitercer tono: 演戏: sílaba con 3º tono + sílaba con 4º tono= sílaba con con semitercer tono + sílaba con 4º tono →→ ∖ + ﹨.

2.2. Reglas del pinyin

La unidad básica es la palabra, por ello los caracteres de una misma palabra se tienen que escribir juntos, sin importar la cantidad de sílabas (caracteres).	猫 máo, 爸爸 bàba, 办公室 bànggōngshì
Palabras de 2 o 3 sílabas (caracteres) que reflejan un mismo concepto han de redactarse juntas.	对不起 duíbuqǐ, 圆珠笔 yuánzhūbǐ
Palabras de 4 o más sílabas (caracteres) que reflejan un mismo concepto han de redactarse separadas.	北京师范大学 Běijīng shīfàn dàxué, 中国政府 Zhōngguó zhèngfǔ, 学生教育学院 xuéshēng jiàoyù xuéyuàn
Palabras reduplicadas de una sola sílaba se escriben juntas.	好好 hǎohǎo, 红红 hóng-hóng
Palabras reduplicadas de dos sílabas (ABAB) se transcriben por separado.	商量商量 shāngliang shāngliang
Palabras reduplicadas de dos sílabas (AABB) se transcriben juntas.	高高兴兴 gāogāoxìngxìng, 马马虎虎 mǎmahūhū
En algunas ocasiones, con palabras yuxtapuestas se puede emplear un guion para facilitar la lectura y la comprensión del texto.	五六岁 wǔ-liù suì
Prefijos y sufijos nominales se transcriben juntos al nombre.	副校长 fùxiàozhǎng, 总理 zǒnglǐ, 桌子 zhuōzi, 椅子 yǐzi
Los sustantivos y sus locativos se escriben por separado.	椅子 yǐzi shàng, 窗外 chuāng wài, 包里 bāo lǐ
Los nombres propios y los apellidos se trascriben separadamente. La primera letra de nombres y apellidos se escriben con mayúscula.	王利明 Wáng Lìmíng, 张爱玲 Zhāng Àilíng
El apellido y el título de esa persona se escriben por separado.	李老师 Lǐ Lǎoshī, 王经理 Wáng Jīnglǐ
Nombres propios de lugares (toponímicos) y nombres comunes de lugares se escriben separados, ambos con la primera letra mayúscula.	上海市 Shànghǎi Shì, 黄山 Huáng Shān, 鄱阳湖 Póyáng Hú, 长江 Cháng Jiāng
Prefijos y sufijos monosilábicos de nombres comunes o propios se trascriben separados cuando son formas de tratamiento.	老王 Lǎo Wáng, 小明 Xiǎo Míng

Los sufijos monosilábicos de nombres propios que se han estandarizado se trascriben juntas.	老子 Lǎozǐ, 孔子 Kǒngzǐ
El sufijo común se trascribe junto al nombre propio de lugar cuando está lexicalizado.	巴黎 Bālǐ 五道口 Wǔdàokǒu 江国门外 Jiànguóménwài
Las partículas aspectuales 了 le, 着 zhe, y 过 guò se transcriben junto al verbo que modifican.	坐着 zuòzhe 吃过 chīguò 去了 qùle
Cuando 了 le se encuentra a final de frase se transcribe separado de las demás palabras.	妈妈来了 Māma lái le
Verbos de acción y sus objetos se transcriben separados.	吃水果 chī shuǐguǒ, 坐飞机 zuò fēijī
Los 离合词 lí hé cí 'verbos separables' se escriben juntos.	吃饭 chīfàn, 睡觉 shuìjiào
Las sílabas de las palabras compuestas de tipo Verbo+Objeto o 离合词 lí hé cí 'verbos separables' se escriben por separado cuando se inserta otro elemento entre las sílabas.	吃中国菜 chī Zhōng-guó cài, 睡午觉 shuì wǔ jiào
Un verbo de acción y su complemento están juntos si ambos son monosilábicos. De lo contrario, se separan.	看见 kànjiàn, 学会 xuéhuì, 学习好 xuéxí hǎo
Los adjetivos monosilábicos se escriben juntos con sus prefijos o sufijos duplicados.	蒙蒙亮 méngméng liàng
Los adjetivos se separan de 些 xiē, 一些 yī xiē, 点儿 diǎn ér e 一点儿 yī diǎn ér que les siguen.	好一些 hǎo yīxiē, 冷一点儿 lěng yīdiǎnr
El sufijo para el plural de personas 们 men se vincula con el sustantivo que le antecede.	我们 wǒmen 你们 nǐmen
Los pronombres demostrativos 这 zhè, 那 nà y el pronombre demostrativo interrogativo 哪 nǎ se separan los sustantivos que les siguen.	这个人 zhè gè rén 那本书 nà běn shū
这 zhè, 那 nà, 哪 nǎ están vinculados con 些 xiē, 么 me, 样 yàng, 里 lǐ, 会儿 huì ér, etc.	这里 zhèlǐ 那些 nàxiē

各，每，某，该，我 gè, měi, mǒu, gāi, wǒ etc. se separan de los sustantivos o clasificadores que les siguen.	各国 gè guó 每年 měi nián
Los números enteros del once al noventa y nueve se escriben juntos.	三十七 sānshíqī 四十二 sìshíèr
百，千，万，亿 bǎi, qiān, wàn, yì se transcriben juntos al número entero delante de ellos, pero si los números que preceden 万 e 亿 wàn yì tienen más de una cifra se escriben separados de ellos.	二百 èrbǎi 四千 sìqiān 七十万 qīshí wàn 三十四亿 sānshísì yì
第 dì + número indica el orden, y está unido por un guión con el número.	第二 dì-èr 第十 dì-shí
Los números y sus clasificadores están separados.	四个人 sì gè rén 三本书 sān běn shū
多，来，几 duō, lái, jǐ indican una cantidad aproximada y se separan de los números y palabras de medida que los preceden y siguen.	四百多本书 sìbǎi duō běn shū 二来万老师 èr lái wàn lǎoshī
Los números que indican "más de diez" o "diez y pico" se transcriben juntos.	几十 jǐshí 十几 shíjǐ
Las palabras vacías o 虚词 xū cí van separadas de las demás palabras.	她的猫 tā de māo 书上的杯子 shū shàng de bēizi
Los adverbios van separados de las demás palabras.	很好 hěn hǎo, 最快 zuì kuài
Las preposiciones van separadas de las demás palabras.	在家 zài jiā
Las conjunciones van separadas de las demás palabras.	你和我 nǐ hé wǒ, 水还是茶 shuǐ háishì chá
Las partículas de (的，得，地) de, de, de van separadas de las demás palabras.	买衣服的 mái yīfu de, 好好地学习 hǎohǎo de xuéxí, 跑得快 pǎo de kuài
Las partículas exclamativas van separadas de las demás palabras.	去吧！Qù ba! 干嘛？Gàn má? 咦，这是什么呀？Yí, zhè shì shénme yá?

Las onomatopeyas van separadas de las demás palabras.	狗汪汪地叫 Gǒu wāngwāng de jiào.
Dichos y frases hechas de 4 caracteres se pueden dividir en dos mitades están unidas por un guión.	一举两得 Yījǔ-liǎngdé, 不三不四 Bùsān-bùsì
Todas las demás frases hechas de cuatro caracteres y expresiones conocidas (熟语) que no se pueden segmentar fácilmente se transcriben juntas.	天壤识别 Tiānrǎngzhībié, 不翼而飞 Bùyì'érfēi
La letra al principio de una oración se escribe en mayúscula.	我去中国。 Wǒ qù Zhōngguó.
La primera letra de un nombre propio se escribe con mayúscula.	北京 Běijīng

3. Sistema de escritura: los caracteres chinos y sus elementos

Un carácter chino es la representación a la vez de un segmento sonoro, de una sílaba y de uno de los sentidos que puede tener. Los caracteres chinos están hechos de diferentes elementos y se pueden descomponer en varios niveles.

El carácter 你 significa 'tú' y se puede descomponer según sus componentes básicos que son: 亻 y 尔. A su vez, estos componentes se pueden nuevamente descomponer en los trazos que los componen. 亻 se crea con 丿 y 丨; mientras que 尔 se crea con 丿 + ㇇ + 亅 + 丿 + 丶.

Veamos otros ejemplos:

妈 se puede descomponer y sus componentes son 女 y 马. Los trazos de estos componentes son 一 + 乚 + 丿 para 女 y 𠃌 + 乚 + 一 para 马.

写 se puede descomponer y sus componentes son 与 y 冖. Los trazos de estos componentes son 丿 + ㇇ + 乚 + 一 + 一.

Para resumir, los caracteres chinos están compuestos de trazos que se combinan para crear unos elementos que crean unos componentes más elaborados. Los trazos también pueden categorizarse entre simples y compuestos, como se explica en el siguiente apartado.

3.1. *Los elementos de un carácter: trazos simples y compuestos*

Todos los caracteres están compuestos de trazos. La lista de trazos es limitada y su aprendizaje o entrenamiento resultan de gran utilidad para la memorización de los caracteres chinos. El listado completo de los trazos simples incluye:

丶 一 丨 丿 ㇏

A partir de esta lista se crean los siguientes, que son los trazos compuestos, es decir, esos trazos que se crean con la unión de más de un trazo simple.

一	フ	𠃋	𠃌	㇄	㇄	㇄	㇟	㇆
㇜	㇌	㇙	㇈	㇄	ㄴ	𠃋	ㄴ	ㄴ
㇟	㇍	𠃊	〈	ㄥ	丶	)	⌣	

Todos los trazos siguen una cierta direccionalidad y tienen un orden específico cuando se usan para escribir un carácter; tanto la direccionalidad como la sucesión de los trazos condicionan el aspecto del mismo y su equilibrio. Aunque en los últimos años hay personas que han decidido no aprender este orden, seguirlo ayuda abundantemente en la memorización de los caracteres, puesto que ofrece un sistema normativo ya creado para categorizar y organizar trazos, estructuras y componentes internos. Veamos algunos ejemplos:

Imagen creada con 田字格字帖生成器. (https://www.an2.net/zim/)

Cada carácter está virtualmente dentro de un espacio de forma cuadrada, el espacio que todos los caracteres ocupan es el mismo sin importar que sean caracteres simples, con pocos trazos, o complejos, con muchos trazos.

Ejercicios

1. ¿Sabes decir cuántos trazos tienen los siguientes caracteres?

má
麻 = _____

niú
牛 = _____

yè
叶 = _____

jiǎ
甲 = _____

xiè
谢 = _____

dì
弟 = _____

hěn
很 = _____

nǎi
奶 = _____

tǔ
土 = _____

tú
图 = _____

tiān
天 = _____

jí
及 = _____

3.2. *Los elementos de un carácter: componentes y radicales*

Como hemos visto antes, los caracteres se pueden descomponer en componentes y trazos. Los componentes son esos elementos que se pueden componer de la unión de dos o más trazos (simples o compuestos). Por ejemplo, los componentes de 你 son 亻 y 尔, los de 妈 son 女 y 马, los de 写 son 冖 y 与. De nuevo nos encontramos con una lista acotada de componentes; es decir, no es una lista ilimitada, no se pueden crear o inventar nuevos componentes. Como pasa con las letras en español, hay un listado limitado y con este listado se crean todas las palabras, de la misma manera en chino usando este listado de componentes se pueden crear todos los caracteres chinos. Algunos ejemplos son: 目, 力, 大, 禾, 口, 手, 木, 水.

En este mismo grupo de elementos visuales también encontramos dos categorías, estas son los componentes básicos y los radicales. Estos se pueden diferenciar solamente por la función que cubren dentro del carácter en el que se encuentran, es decir, los elementos de este listado pueden ser componentes básicos o radicales, será la manera en la que se usen que determinará su pertenencia a una u otra categoría. Los radicales son esos elementos que transmiten de manera general el significado del carácter. Veamos algunos ejemplos:

• En el carácter 你 'tú' el radical es 亻 y transmite la idea de que ese carácter se refiere a una persona. El radical se encuentra en la izquierda del carácter.
• En el carácter 妈 'mamá' el radical es 女 y transmite la idea de que ese carácter se refiere a una mujer. El radical se encuentra en la izquierda del carácter.
• En el carácter 说 'hablar' el radical es 讠 y transmite la idea de que ese carácter se refiere a algo relacionado con el concepto de habla, idioma, palabra, etc. El radical se encuentra en la izquierda del carácter.
• En el carácter 花 'flor' el radical es 艹 y transmite la idea de que ese carácter se refiere a algo relacionado con el concepto de hierba, planta, etc. El radical se encuentra en la parte superior del carácter.
• En el carácter 感 'sentido, sensación' el radical es 心 y transmite la idea de que ese carácter se refiere a algo relacionado con el concepto de sentimientos, percepciones, sensaciones, etc. El radical se encuentra en la parte inferior del carácter.
• En el carácter 煮 'hervir' el radical es 灬 y transmite la idea de que ese carácter se refiere a algo relacionado con el concepto de cocinar sobre fuego, cálido, caliente, fuego, etc. El radical se encuentra en la parte inferior del carácter.
• En el carácter 劲 'energía, fuerza, vigor' el radical es 力 y transmite la idea de que ese carácter se refiere a algo relacionado con el concepto de fuerza, vigor, poder, energía, etc. El radical se encuentra en la derecha del carácter.

Memorizar los radicales nos puede ayudar a inferir el contexto semántico de los caracteres que no conocemos. Sabemos, por ejemplo, que el radical 讠 transmite la idea de algo relacionado con el concepto de habla, idioma, palabra, etc. 语 significa 'idioma, lengua', 话 significa 'habla', 词 significa 'palabra', 谈 significa 'hablar de', 讲 significa 'explicar', 记 significa 'tomar notas', 讨 论 significa 'debatir', etc. Esto no es un hecho aplicable a todas de las palabras, puesto que no se puede considerar la escritura china como un sistema de nociones. Históricamente, estas partes fueron creadas para diferenciar las palabras homófonas y que se escribían sirviéndose de un mismo carácter.

La restante parte del carácter es lo que se define como componente básico y, en ocasiones, puede ser útil para intuir la pronunciación de ese carácter, aunque no es siempre cierto. Veamos algunos ejemplos:

长张涨帐账胀	Todos se pronuncian *zhang*, aunque con tonos diferentes.
化花华桦哗吡枇	Todos se pronuncian *hua*, aunque con tonos diferentes.
都堵赌嘟锗睹醏	Todos se pronuncian *du*, aunque con tonos diferentes.
平评萍坪苹鲆枰坪玶	Todos se pronuncian *ping*, aunque con tonos diferentes.

La mayoría de los caracteres chinos en la actualidad están compuestos por estas dos partes: radical y componente fonético, es decir son construcciones fono-semánticas.

Ejercicios

1. Separa componentes y radicales de los siguientes caracteres como se indica en el ejemplo: 妈 = 女 + 马

很=_____+_____	会=_____+_____	叵=_____+_____
脚=_____+_____+_____	问=_____+_____	床=_____+_____
道=_____+_____	说=_____+_____	汉=_____+_____
爸=_____+_____	品=_____+_____+_____	他=_____+_____
学=_____+_____+_____	留=_____+_____+_____	师 =_____+_____

2. Explica con tus propias palabras las diferencias que hay entre componente y radical.

....

....

....

....

....

3. Señala el radical en los siguientes caracteres y, con la ayuda de un diccionario o de tu profesor/a añade más palabras con ese radical:

语		照	
茶		腿	
酒		树	
进		骑	
凉		室	
爸		忘	
地		河	
狗		帽	
馆		图	

3.3. *Tipos de caracteres*

Caracteres simples y compuestos

Los caracteres se pueden categorizar en diferentes tipos, pero aquí exclusivamente observaremos los que se pueden desmontar solamente en trazos y los que se pueden desmontar en componente y radical. Los primeros se llaman simples, madre (母体字 mǔ tǐ zì) o independientes (独体字 dú tǐ zì) y los segundos compuestos. Veamos algunos ejemplos:

Caracteres simples: 女 nǚ, 马 mǎ, 一 yī, 土 tǔ、水 shuǐ、来 lái, etc. al descomponerlos nos encontramos exclusivamente con trazos, es decir, son indescomponibles en conjuntos de trazos.

Caracteres compuestos: 林 lín、妈 mā, 是 shì、你 nǐ、写 xiě、读 dú, etc. al descomponerlos nos encontramos con componentes básicos y radicales, es decir, son descomponibles en conjuntos de trazos.

Para resumir, en seguida se puede ver la secuencia de estructuración del sistema de los caracteres chinos:

Trazos → caracteres simples - componentes - radicales → caracteres compuestos

Es decir, varios trazos dan lugar a caracteres simples o componentes o radicales; varios de estos juntos dan lugar a los caracteres compuestos. Por ejemplo:

trazos		caracteres simples - componentes - radicales		caracteres compuestos
一丨丿乀	→→→→	木	→→→→	
丨一丨一		目		想
一一				
丶乚丶丶		心		

Ejercicios

1. Señala los caracteres simples dentro de la siguiente lista.

字久谓堂目章日脏巳品座卅桌奶椅不商太远
犬菜手热故午她牛你毛吃气面壬爸升乱史行冉名皿凹智

3.4. *Estructuras internas*

Radicales y componentes crean los caracteres, pero su colocación no es desordenada y aleatoria, existen unas estructuras internas específicas. Este aspecto del chino raramente se estudia en las clases de chino pero resulta un conocimiento muy sencillo y altamente eficaz para mejorar la memorización y el entendimiento del funcionamiento de los caracteres chinos. Por ello, recomendamos encarecidamente ejercitar el reconocimiento de las siguientes estructuras. Las estructuras se resumen abajo:

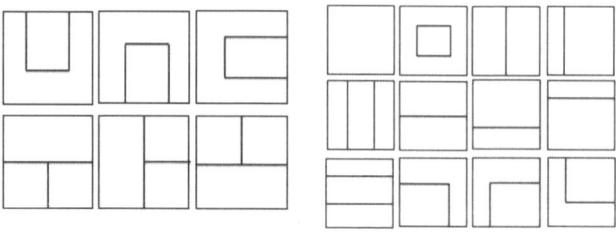

Los caracteres con esta estructura son caracteres que no se pueden despedazar, es decir, no tienen varios componentes, sino solamente uno que forma todo el carácter. Si se quieren descomponer estos caracteres solamente podremos descomponerlos obteniendo como resultado unos trazos. Pueden ser: 禾, 水, 马, 木, 土. Estos se conocen como caracteres simples, madre o independientes y en muchas ocasiones también actúan de componentes y crean caracteres compuestos.

Los caracteres con esta estructura pueden ser: 国, 围, 回, 团, 困; tienen dos componentes colocados uno dentro del otro.

Los caracteres con esta estructura pueden por ejemplo ser: 明, 故, 放 tienen dos componentes colocados uno al lado del otro. Los dos componentes ocupan más o menos el mismo espacio dentro del carácter.

Los caracteres con esta estructura pueden ser: 你, 她, 妈, 记, 脸, tienen dos componentes colocados uno al lado del otro. Los dos componentes no ocupan el mismo espacio dentro del carácter, por lo general el radical que se coloca a la izquierda suele ocupar un espacio inferior si comparado con el otro.

Los caracteres con esta estructura pueden ser: 谢, 班, 街, 哪, tienen tres componentes colocados uno al lado del otro. Los tres componentes ocupan aproximadamente el mismo espacio dentro del carácter.

Los caracteres con esta estructura pueden ser: 是, 吉, 雪, 春, tienen dos componentes colocados uno encima del otro y los dos ocupan casi el mismo espacio dentro del carácter.

Los caracteres con esta estructura pueden ser: 思, 感. Estos tienen dos componentes colocados uno encima del otro. Los dos componentes no ocupan el mismo espacio dentro del carácter, el componente que se encuentra en la parte superior del carácter ocupa más espacio si lo comparamos con el que se encuentra en la parte inferior.

Los caracteres con esta estructura pueden ser: 家^{jiā}, 客^{kè}, 市^{shì}, 当^{dāng}, 争^{zhēng}, 免^{miǎn}. Estos tienen dos componentes colocados uno encima del otro. Los dos componentes no ocupan el mismo espacio dentro del carácter, el componente que se encuentra en la parte superior del carácter ocupa menos espacio si lo comparamos con el que se encuentra en la parte inferior.

Los caracteres con esta estructura pueden ser: 喜^{xǐ}, 桌^{zhuō}, 意^{yì}, 章^{zhāng}, 器^{qì}. Estos tienen tres componentes colocados uno encima del otro. Los tres componentes ocupan aproximadamente el mismo espacio dentro del carácter.

Los caracteres con esta estructura pueden ser: 司^{sī}, 习^{xí}, 句^{jù}; tienen dos componentes colocados uno encima del otro y uno de los dos ocupa dos lados del carácter.

Los caracteres con esta estructura pueden ser: 房^{fáng}, 唐^{táng}, 历^{lì}; tienen dos componentes colocados uno encima del otro y uno de los dos, que suele ser el radical, ocupa dos lados del carácter.

Los caracteres con esta estructura pueden ser: 还^{hái}, 这^{zhè}, 道^{dào}, 建^{jiàn}, 延^{yán}; tienen dos componentes colocados uno encima del otro y uno de los dos, que suele ser el radical, ocupa dos lados del carácter.

Los caracteres con esta estructura pueden ser: 函^{hán}, 幽^{yōu}, 画^{huà}; tienen dos componentes colocados uno encima/dentro del otro y uno de los dos ocupa tres lados del carácter.

Los caracteres con esta estructura pueden ser: 阅^{yuè}, 问^{wèn}, 间^{jiān}, 闭^{bì}, 闪^{shǎn}; tienen dos componentes colocados uno encima/dentro del otro y uno de los dos ocupa tres lados del carácter.

Los caracteres con esta estructura pueden ser: 区^{qū}, 匹^{pǐ}, 巨^{jù}, 医^{yī}; tienen dos componentes colocados uno dentro del otro y uno de los dos ocupa tres lados del carácter.

Los caracteres con esta estructura pueden ser: 品^{pǐn}, 森^{sēn}, 蒜^{suàn}, 聂^{niè}. Estos tienen tres componentes.

Los caracteres con esta estructura pueden ser: 佶^{jí}, 侣^{lǚ}, 招^{zhāo}, 侈^{chǐ}, 抬^{tái}.

Los caracteres con esta estructura pueden ser: 想^{xiǎng}, 哭^{kū}. Estos tienen tres componentes.

Ejercicios

1. Dibuja la estructura interna alrededor de los siguientes caracteres

宝化岛屿智慧华我基付钱因另外孔包

2. Agrupa los siguientes caracteres según sus estructuras internas como indicado en el ejemplo:

国围回图困四园固团

吕烦游庭范劳都底逗闻抖历台让琳逛招宁爸阔工廷加家递怕危参湘刍戏同河问杏推

田 : 吕,...

.... : ....

.... : ....

.... : ....

.... : ....

.... : ....

.... : ....

4. LAS PALABRAS

4.1. 虚 词 (xū cí) *'palabras vacías'* y 实 词 (shí cí) *'palabras llenas'*

En chino existen muchas maneras de categorizar las palabras, una de estas es: 虚 词 (xū cí) 'palabras vacías' y 实 词 (shí cí) 'palabras llenas'. Las 虚 词 (xū cí) o palabras vacías son palabras vacías de significado, es decir, no transmiten una idea, sino una función gramatical, como pueden ser por ejemplo los artículos en español. Las 实 词 (shí cí) o palabras llenas son todas esas palabras que sí tienen significado léxico, es decir, transmiten una idea del mundo real, como por ejemplo: cortina, libro, zapato, manzana o persona. En este nivel las palabras vacías son: 本 (běn), 的 (de), 个 (gè), 很 (hěn), 块 (kuài), 了 (le), 吗 (ma), 呢 (ne), 些 (xiē), 太 (tài). Entre estas encontramos clasificadores: 本 (běn), 个 (gè), 块 (kuài) y 些 (xiē); partículas de modificación nominal: 的 (de); modificadores adjetivales y verbales: 很 (hěn) y 太 (tài); partículas interrogativas: 吗 (ma) y 呢 (ne); partículas temporales: 了 (le). Algunas de las palabras pertenecientes al grupo de palabras vacías también tienen otras funciones, como por ejemplo: 本 (běn) que en otros contextos puede ser sustantivo, adjetivo y adverbio y puede tener un amplio abanico de significados: base, capital, costo, este, esto, originalmente, etc. Esto es un fenómeno que encontramos en el idioma chino que ya se ha mencionado en el punto 9 de la introducción a la lengua china, es decir, las palabras pueden tener diferentes funciones sin que podamos observar cambios en su representación visual; por ejemplo, 学习 (xué xí) puede ser el verbo 'estudiar' o el sustantivo 'estudio'.

Las palabras llenas se tratan en las siguientes páginas dónde se encuentra la función y el uso de todas ellas con varios ejemplos explicativos.

Ejercicios

1. Busca el significado o la función de las siguientes palabras y colócalas en el recuadro correcto:

老师 你 的 大 吃 茶 了 里 请 吗 去
(lǎo shī nǐ de dà chī chá le lǐ qǐng ma qù)

七 本 读 些 多 爱 很 喝 好 四 下 一
(qī běn dú xiē duō ài hěn hē hǎo sì xià yī)

虚词 (xū cí) "palabras vacías"	实词 (shí cí) "palabras llenas"

4.2. Tipos de 虚词 (xū cí) *'palabras vacías'*

虚词 (xū cí) 'PALABRAS VACÍAS': LOS CLASIFICADORES: 本 (běn), 个 (gè), 块 (kuài) y 些 (xiē)

En chino, entre números o demostrativos y el sustantivo al que se refieren tenemos que colocar una palabra funcional llamada clasificador o medidor. Este tipo de palabras tienen una función parecida a las que se usan para indicar un 'grupo de' en español; por ejemplo, un grupo de perros es una manada de perros, un grupo de pájaros es una bandada de pájaros, un grupo de peces es un banco de peces y así sucesivamente. Estos son nombres colectivos para animales, pero también existen en español para nombres incontables, por el ejemplo la harina. No sería adecuado decir una harina, más bien hay que indicar una medida: un kilo de harina, un saco de harina, un bote de harina, un puñado de harina, etc. En chino, este razonamiento se aplica a todas las palabras, es como si todas las palabras fueran incontables y necesitaran de su clasificador. No es correcto entonces decir: 一 马 (yī mǎ), hay que emplear el clasificador 匹 (pǐ), deberíamos entonces decir 一 匹 马 (yī pǐ mǎ).

Los clasificadores no son compatibles con todos los nombres, ni tampoco todos los nombres solamente pueden aceptar un único clasificador. Los clasificadores, como bien describe su nombre, clasifican las palabras según ciertos criterios generales, por ejemplo: 个 (gè) se usa para personas y como clasificador general para esas palabras que no tienen un clasificador específico (es por ejemplo compatible con 老师 (lǎo shī), 妈妈 (mā mā) o 小姐 (xiǎo jiě)); 本 (běn) se usa para libros, encuadernaciones, cuadernos y de manera más general todo tipo de objeto que tenga hojas (es por ejemplo compatible con 书 (shū)); 块 (kuài) significa 'un trozo de' y se puede usar con palabras como 'pan', 'tarta', 'chocolate', etc. que se pueden trocear (es por ejemplo compatible con 苹果 (píng guǒ)); 些 (xiē) es un clasificador peculiar puesto que es compatible con muchas palabras, pero solamente puede ser precedido del número uno o de los demostrativos 这 (zhè) o 那 (nà) y significa 'unos cuantos' (es por ejemplo compatible con 老师 (lǎo shī), 妈妈 (mā mā), 小姐 (xiǎo jiě), 书 (shū), 苹果 (píng guǒ), etc.).

Los últimos dos clasificadores explicados (块 y 些) además de tener la función gramatical explicada, acarrean un significado léxico específico. Esta situación no es infrecuente y este uso es muy parecido al uso en español de 'una taza de' o 'una jarra de' o 'un puñado de', etc. 块 (kuài) también se usa como unidad de medida para el dinero: 一块钱 (yī kuài qián) = un yuan.

1. 那里有三个人。(nà lǐ yǒu sān gè rén) Allí hay tres personas.

2. 王医生买了一本汉语书。(wáng yī shēng mǎi le yī běn hàn yǔ shū) El doctor Wang ha comprado un libro de chino.

3. 他吃一块苹果。(tā chī yī kuài píng guǒ) Él come un trozo de manzana.

4. 这里有一些老师。(zhè lǐ yǒu yī xiē lǎo shī) Aquí hay algunos profesores.

5. 明天一些人去北京大学。(míng tiān yī xiē rén qù běi jīng dà xué) Mañana algunas personas irán a la Universidad de Pekín.

Ejercicios

1. Añade el clasificador correcto cuando sea necesario y después traduce las frases al español

1. 学校有很多＿＿＿＿学生 (xué xiào yǒu hěn duō ... xué shēng) Trad.:＿＿＿＿＿＿＿＿＿＿

2. 他吃一＿＿＿＿水果。(tā chī yī ... shuǐ guǒ) Trad.:＿＿＿＿＿＿＿＿＿＿

3. 妈妈有三＿＿＿＿钱。(mā mā yǒu sān ... qián) Trad.:＿＿＿＿＿＿＿＿＿＿

4. 来了一＿＿＿＿朋友。(lái le yī ... péng yǒu) Trad.:＿＿＿＿＿＿＿＿＿＿

5. 爸爸有五＿＿＿＿＿茶杯。 Trad.:＿＿＿＿＿＿＿＿＿＿

6. 北京大学＿＿＿＿＿人很多。 Trad.:＿＿＿＿＿＿＿＿＿＿

7. 那＿＿＿＿＿人是谁？ Trad.:＿＿＿＿＿＿＿＿＿＿

8. 李老师有很少＿＿＿＿＿书。 Trad.:＿＿＿＿＿＿＿＿＿＿

虚词 'PALABRAS VACÍAS': LA PARTÍCULA DE MODIFICACIÓN NOMINAL 的

En chino moderno existen tres partículas cuya pronunciación es *de*, esta (的) es la primera que se estudia y la más común. Aunque se suele decir que expresa posesión, sería limitante relegar sus funciones a la creación de los posesivos. La función gramatical que cubre esta palabra y que se estudia en este nivel es la de relacionar las palabras que la preceden con el sustantivo que le sigue y por ello se llama "partícula de modificación nominal" puesto que ofrece información específica sobre el sustantivo que acompaña. Por ejemplo, en la locución 很大的书, 很大 modifica 书 otorgándole unas ciertas características; esta locución significa 'libros muy grandes'. A la derecha de la partícula 的 podemos encontrar sustantivos, adjetivos, verbos, etc. Si se unen los pronombres personales a 的 lo que se obtiene son los que en español se definen como posesivos: 我 + 的 = mi, 你 + 的 = tu, 他 + 的 = su (de él), 她 + 的 = su (de ella), 我们 + 的 = nuestro, 你们 + 的 = vuestro, 他们 + 的 = su (de ellos), 她们 + 的 = su (de ellas).

1. 后面的人是汉语老师。 La persona de atrás es profesora de chino.

2. 今天的天气很好。 El tiempo de hoy es muy bueno.

3. 我的书很大。 Mi libro es muy grande.

4. 饭店的菜很好。 Los platos del restaurante son muy buenos.

5. 桌子上的杯子是谁的？ ¿La taza que está encima de la mesa de quién es?

No todas las palabras que modifican algo tienen que emplear 的 para ligarse a la palabra que modifican, en algunos casos la yuxtaposición es suficiente. Por lo general, las ocasiones son las siguientes:

Adjetivos monosilábicos: 热 + 水 = 热水 Agua caliente

Cuando el modificador indica una calidad del modificado:

学生 + 书 = Libro estudiantil/ para estudiantes

学生的书 = Libro de los estudiantes/del/de la estudiante

Ejercicios

2. Une las palabras de las dos columnas para crear locuciones compuestas por
modificador + 的 + modificado. Por ejemplo: 你 的 工 作, 爸 爸 的 电 脑 etc.
Después traduce al español.

1	2
wǒ 我	fàn diàn 饭店
nǐ 你	gōng zuò 工作
tā tā tā 她/他/它	bēi zi 杯子
wǒ men 我们	diàn nǎo 电脑
nǐ men 你们	rén 人
tā men tā men tā men 他们/她们/它们	péng yǒu 朋友
bà bà 爸爸	jiā 家
mā mā 妈妈	qián 钱
xiǎo yuè 小月	shāng diàn 商店
shàng wǔ 上午	shuǐ 水
xià wǔ 下午	shū 书
jīn tiān 今天	tiān qì 天气
zuó tiān 昨天	tóng xué 同学
míng tiān 明天	xué shēng 学生
gāo xìng 高兴	yī fú 衣服
piào liàng 漂亮	yī shēng 医生
xué xiào 学校	yǐ zi 椅子
zhuō zi shàng 桌子上	dà xué 大学
yǐ zi hòu miàn 椅子后面	hàn zì 汉字
wǒ xiě 我写	shuǐ guǒ 水果

1:_____	2:_____
3:_____	4:_____
5:_____	6:_____
7:_____	8:_____
9:_____	10:_____
11:_____	12:_____

3. Traduce al chino las siguientes palabras y locuciones.

Las personas felices: _____

El trabajo de mamá: _____

La taza de papá: _____

Mi plato (de comida): _____

La película de hoy: _____

Agua fría: _____

Los estudiantes de mañana: _____

Tu ropa: _____

El libro que yo he leído: _____

La televisión que está encima de la mesa: _____

虚 词 'PALABRAS VACÍAS': EL PLURAL CON EL SUFIJO 们
xū cí   men

Salvo algunos casos, en chino rara vez se observan marcadores de plural, es decir, es complejo decir si 猫 se refiere a un gato o a varios, puesto que muchos nombres en chino no tienen plural o singular. Estas informaciones se pueden deducir del contexto, si por ejemplo hay un número, pero la lengua en sí no lo indica. Para las palabras que se refieren a personas se puede usar el sufijo 们, aunque su ausencia no necesariamente indica que esa palabra es un singular.

我 = yo, 我 们 = nosotros
wǒ   wǒ men

你 = tú, 你 们 = vosotros
nǐ   nǐ men

学 生 = estudiante, 学 生 们 = estudiantes
xué shēng   xué shēng men

老 师 = profesor/a, 老 师 们 = profesores/as
lǎo shī   lǎo shī men

Lo mismo vale para el femenino y masculino, la lengua en sí no lo indica; 老师 _{lǎo shī} es profesor y profesora, 医生 _{yī shēng} es médico y médica. Si fuera necesario o adecuado indicarlo, ocasionalmente se pueden emplear 男 _{nán} hombre y 女 _{nǚ} mujer como prefijos, por ejemplo: 男老师 _{nán lǎo shī} sería profesor y 女老师 _{nǚ lǎo shī} profesora.

虚词 _{xū cí} 'PALABRAS VACÍAS': LOS MODIFICADORES ADJETIVALES Y VERBALES 很 _{hěn} y 太 _{tài}

En chino existen tres tipos de predicados: verbales, adjetivales y nominales. Los predicados adjetivales y nominales no necesitan de un verbo para cumplir su función (para profundizar este aspecto ver el apartado de Predicados nominales en el capítulo sobre la estructura de la oración). Muchos adjetivos en chino, cuando tienen función predicativa, tienen que ir acompañados de un modificador adjetival, es decir, una palabra que intensifica el valor del adjetivo, como por ejemplo son las palabras 'muy' o 'mucho' en español. En este nivel se estudian 很 _{hěn} y 太 _{tài}. Existe también un grupo de verbos que se puede modificar o intensificar con estas palabras, estos son los verbos psicológicos, es decir, todos esos verbos que describen acciones psicológicas como amar, gustar, temer, detestar, etc.

1. 那本书很大。 _{nà běn shū hěn dà} Aquel libro es muy grande.

2. 水果很多。 _{shuǐ guǒ hěn duō} La fruta es mucha.

3. 衣服很漂亮。 _{yī fú hěn piāo liàng} La ropa es bonita.

4. 水很热。 _{shuǐ hěn rè} El agua está caliente.

5. 人太多了。 _{rén tài duō le} Hay demasiada gente.

Ejercicios

4. Coloca las palabras en el orden correcto y después tradúcelas al español.

很 / 李老师 / 高兴 _{hěn / lǐ lǎo shī / gāo xìng} _____ Trad.: _____

热 / 了 / 现在 / 太 _{rè / le / xiàn zài / tài} _____ Trad.: _____

大 / 北京大学 / 很 _{dà / běi jīng dà xué / hěn} _____ Trad.: _____

王医生 / 漂亮 / 很 _{wáng yī shēng / piāo liàng / hěn} _____ Trad.: _____

太 / 了 / 少 / 电影院 _{tài / le / shǎo / diàn yǐng yuàn} _____ Trad.: _____

虚_{xū} 词_{cí} 'PALABRAS VACÍAS': LAS PARTÍCULAS INTERROGATIVAS: 吗_{ma} y 呢_{ne}

Estas palabras vacías son partículas gramaticales interrogativas. Ambas tienen muchos usos en la lengua china, en este nivel se usan principalmente como partículas interrogativas.

吗_{ma}

Se coloca al final de una frase afirmativa para crear una frase interrogativa, en la frase no cambia nada más. Las preguntas de este tipo se contestan con sí o no; es fundamental recordar que en chino no se encuentran dos palabras exactamente correspondientes a 'sí' y 'no' de la misma manera que puede haber en español, inglés o francés. Las palabras que más comúnmente se usan en chino para transmitir este tipo de mensaje son 是 (sí), 不是 (no), 有 (sí), 没有 (no).

1. 学生学习汉语。 Los estudiantes estudian chino.

→ 学生学习汉语吗？ ¿Los estudiantes estudian chino?

Respuesta: 学习 / 不学习 - 是 / 不是

2. 老师会说汉语。 El/la profesor/a saber hablar chino.

→ 老师会说汉语吗？ ¿El/la profesor/a habla chino?

Respuesta: 会 / 不会 - 是 / 不是

3. 她们喜欢水果。 A ellas les gusta la fruta.

→ 她们喜欢水果吗？ ¿A ellas les gusta la fruta?

Respuesta: 喜欢 / 不喜欢 - 是 / 不是

4. 老师喜欢汉语。 Al profesor le gusta el chino.

→ 老师喜欢汉语吗？ ¿Al profesor le gusta el chino?

Respuesta: 喜欢 / 不喜欢 - 是 / 不是

5. 你喝茶。 Tomas té. → 你喝茶吗？ ¿Tomas té?

Respuesta: 喝 / 不喝 - 是 / 不是

Ejercicios

5. Crea las preguntas correspondientes a estas afirmaciones usando la partícula 吗 (ma) y después tradúcelas al español.

1. 妈妈在饭店。(mā mā zài fàn diàn) → _____ Trad.:_____

2. 你喜欢看书。(nǐ xǐ huān kàn shū) → _____ Trad.:_____

3. 爸爸喝水。(bà bà hē shuǐ) → _____ Trad.:_____

4. 他昨天看见我。(tā zuó tiān kàn jiàn wǒ) → _____ Trad.:_____

5. 医院很少。(yī yuàn hěn shǎo) → _____ Trad.:_____

6. Contesta a las siguientes preguntas según tu situación y gustos. Puedes contestar con 是 (shì) (sí), 不是 (bù shì) (no), 喜欢 (xǐ huān) (me gusta), 不喜欢 (bù xǐ huān) (no me gusta).

1. 你喜欢学习汉语吗? (nǐ xǐ huān xué xí hàn yǔ ma) _____

2. 你喜欢学习汉字吗? (nǐ xǐ huān xué xí hàn zì ma) _____

3. 你喜欢买衣服吗? (nǐ xǐ huān mǎi yī fú ma) _____

4. 你喜欢看书吗? (nǐ xǐ huān kàn shū ma) _____

5. 你喜欢看电影吗? (nǐ xǐ huān kàn diàn yǐng ma) _____

呢 (ne)

En este nivel esta partícula se usa principalmente como partícula interrogativa; principalmente para no volver a repetir ciertos contenidos que ya se han dicho, por ejemplo en lugar de decir "A mí me gusta mucho el té, ¿a ti te gusta el té?", decimos "A mí me gusta mucho el té. ¿Y a ti?". Para hacer esto, en chino empleamos 呢 (ne).

1. 我去电影院。她呢? (wǒ qù diàn yǐng yuàn. tā ne)   Yo voy al cine. ¿Y ella (dónde va)?

2. 她学习汉语。你呢? (tā xué xí hàn yǔ. nǐ ne)   Ella estudia chino. ¿Y tú (qué estudias)?

3. 我们喝茶。他们呢? (wǒ men hē chá. tā men ne)   Nosotros tomamos té. ¿Y ellos (qué toman)?

4. 他在北京。她们呢? (tā zài Běi Jīng. tā men ne)   Él está en Pekín. ¿Y ellas (dónde están)?

5. <ruby>我<rt>wǒ</rt></ruby> <ruby>三<rt>sān</rt></ruby> <ruby>十<rt>shí</rt></ruby> <ruby>岁<rt>suì</rt></ruby>。 <ruby>你<rt>nǐ</rt></ruby> <ruby>呢<rt>ne</rt></ruby>？　Yo tengo 30 años. ¿Y tú (cuántos años tienes)?

Ejercicios

7. Contesta a las siguientes preguntas según tu situación y gustos.

1. <ruby>这<rt>zhè</rt></ruby> <ruby>里<rt>lǐ</rt></ruby> <ruby>很<rt>hěn</rt></ruby> <ruby>冷<rt>lěng</rt></ruby>。 <ruby>那<rt>nà</rt></ruby> <ruby>里<rt>lǐ</rt></ruby> <ruby>呢<rt>ne</rt></ruby>？ _____

2. <ruby>我<rt>wǒ</rt></ruby> <ruby>很<rt>hěn</rt></ruby> <ruby>冷<rt>lěng</rt></ruby>， <ruby>你<rt>nǐ</rt></ruby> <ruby>呢<rt>ne</rt></ruby>？ _____

3. <ruby>我<rt>wǒ</rt></ruby> <ruby>二<rt>èr</rt></ruby> <ruby>十<rt>shí</rt></ruby> <ruby>五<rt>wǔ</rt></ruby> <ruby>岁<rt>suì</rt></ruby>。 <ruby>你<rt>nǐ</rt></ruby> <ruby>呢<rt>ne</rt></ruby>？ _____

4. <ruby>我<rt>wǒ</rt></ruby> <ruby>在<rt>zài</rt></ruby> <ruby>家<rt>jiā</rt></ruby>。 <ruby>你<rt>nǐ</rt></ruby> <ruby>呢<rt>ne</rt></ruby>？ _____

5. <ruby>我<rt>wǒ</rt></ruby> <ruby>会<rt>huì</rt></ruby> <ruby>开<rt>kāi</rt></ruby> <ruby>车<rt>chē</rt></ruby>。 <ruby>你<rt>nǐ</rt></ruby> <ruby>呢<rt>ne</rt></ruby>？ _____

<ruby>虚<rt>xū</rt></ruby> <ruby>词<rt>cí</rt></ruby> 'PALABRAS VACÍAS': LA PARTÍCULA TEMPORAL <ruby>了<rt>le</rt></ruby>

En chino, los conceptos de pasado y futuro se trasladan al idioma de manera diferente que en español, puesto que no se conjugan los verbos. Para suplir se emplean partículas temporales con diferentes funciones; en este nivel se estudia la partícula aspectual <ruby>了<rt>le</rt></ruby>. <ruby>了<rt>le</rt></ruby> apunta que la acción predicada por el verbo se ha completado, que esa acción se ha terminado. Esta partícula se coloca justo después del verbo, como se puede observar en las siguientes frases.

1. <ruby>妈<rt>mā</rt></ruby> <ruby>妈<rt>mā</rt></ruby> <ruby>下<rt>xià</rt></ruby> <ruby>午<rt>wǔ</rt></ruby> <ruby>在<rt>zài</rt></ruby> <ruby>大<rt>dà</rt></ruby> <ruby>学<rt>xué</rt></ruby> <ruby>喝<rt>hē</rt></ruby> <ruby>了<rt>le</rt></ruby> <ruby>茶<rt>chá</rt></ruby>。　Mamá por la tarde en la universidad tomó té.

2. <ruby>我<rt>wǒ</rt></ruby> <ruby>朋<rt>péng</rt></ruby> <ruby>友<rt>yǒu</rt></ruby> <ruby>买<rt>mǎi</rt></ruby> <ruby>了<rt>le</rt></ruby> <ruby>衣<rt>yī</rt></ruby> <ruby>服<rt>fú</rt></ruby>。　Mi amigo/a compró ropa.

3. <ruby>你<rt>nǐ</rt></ruby> <ruby>喝<rt>hē</rt></ruby> <ruby>了<rt>le</rt></ruby> <ruby>水<rt>shuǐ</rt></ruby> <ruby>吗<rt>ma</rt></ruby>？　¿Bebiste agua?

4. <ruby>你<rt>nǐ</rt></ruby> <ruby>听<rt>tīng</rt></ruby> <ruby>了<rt>le</rt></ruby> <ruby>吗<rt>ma</rt></ruby>？　¿Oíste (eso)?

5. <ruby>你<rt>nǐ</rt></ruby> <ruby>看<rt>kàn</rt></ruby> <ruby>了<rt>le</rt></ruby> <ruby>电<rt>diàn</rt></ruby> <ruby>影<rt>yǐng</rt></ruby> <ruby>吗<rt>ma</rt></ruby>？　¿Viste la peli?

Se pueden observar las diferencias en el significado de las siguientes frases con <ruby>了<rt>le</rt></ruby> o sin <ruby>了<rt>le</rt></ruby>.

1. <ruby>我<rt>wǒ</rt></ruby> <ruby>上<rt>shàng</rt></ruby> <ruby>午<rt>wǔ</rt></ruby> <ruby>在<rt>zài</rt></ruby> <ruby>家<rt>jiā</rt></ruby> <ruby>喝<rt>hē</rt></ruby> <ruby>茶<rt>chá</rt></ruby>。　Yo por la mañana en casa tomo té.

2. <ruby>我<rt>wǒ</rt></ruby> <ruby>上<rt>shàng</rt></ruby> <ruby>午<rt>wǔ</rt></ruby> <ruby>在<rt>zài</rt></ruby> <ruby>家<rt>jiā</rt></ruby> <ruby>喝<rt>hē</rt></ruby> <ruby>了<rt>le</rt></ruby> <ruby>茶<rt>chá</rt></ruby>。　Yo por la mañana en casa tomé té.

3. <ruby>爸<rt>bà</rt></ruby> <ruby>爸<rt>bà</rt></ruby> <ruby>买<rt>mǎi</rt></ruby> <ruby>衣<rt>yī</rt></ruby> <ruby>服<rt>fú</rt></ruby>。　Papá compra ropa.

4. 爸^{bà}爸^{bà}买^{mǎi}了衣^{yī}服^{fú}。　　　　Papá compró ropa.

5. 你^{nǐ}吃^{chī}菜^{cài}吗^{ma}?　　　　¿Comes verduras?

6. 你^{nǐ}吃^{chī}了菜^{cài}吗^{ma}?　　　¿Comiste verduras?

La negación de esta función emplea 没^{méi}, es decir, la negación para el pasado. 没^{méi} y 了^{le} no suelen encontrarse en la misma frase, puesto que indican una lo contrario de la otra. En chino existe otra partícula 了^{le} que no se estudia en este nivel, esa partícula es compatible con 没^{méi}.

1. 妈^{mā}妈^{mā}下^{xià}午^{wǔ}在^{zài}大^{dà}学^{xué}没^{méi}喝^{hē}茶^{chá}。　Mamá por la tarde en la universidad no tomó té.

2. 我^{wǒ}朋^{péng}友^{yǒu}没^{méi}买^{mǎi}衣^{yī}服^{fú}。　Mi amigo/a no compró ropa.

3. 你^{nǐ}没^{méi}喝^{hē}水^{shuǐ}吗^{ma}?　¿No bebiste agua?

4. 你^{nǐ}没^{méi}听^{tīng}吗^{ma}?　¿No oíste (eso)?

5. 你^{nǐ}没^{méi}看^{kàn}电^{diàn}影^{yǐng}吗^{ma}?　¿No viste la peli?

Ejercicios

8. Traduce las siguientes frases al español prestando atención al uso de 没^{méi} y 了^{le}.

1. 你^{nǐ}喝^{hē}了^{le}什^{shén}么^{me}? _____

2. 我^{wǒ}没^{méi}写^{xiě}汉^{hàn}字^{zì}。 _____

3. 昨^{zuó}天^{tiān}没^{méi}下^{xià}雨^{yǔ}。 _____

4. 我^{wǒ}买^{mǎi}了^{le}衣^{yī}服^{fú}。 _____

5. 他^{tā}去^{qù}了^{le}饭^{fàn}店^{diàn}。 _____

6. 我^{wǒ}没^{méi}看^{kàn}电^{diàn}影^{yǐng}。 _____

5. ESTRUCTURAS DE LA FRASE

5.1. *Predicados nominales*

En chino existen tres tipos de predicados: verbales, adjetivales y nominales. Los predicados adjetivales y nominales no necesitan de un verbo para cumplir su función. En este caso, nos encontramos con predicados nominales dónde el sujeto y el objeto se colocan uno al lado del otro sin necesidad de usar verbos como pasaría por ejemplo en español. En español diríamos: hoy es viernes. En chino: hoy viernes. Por ello, en ninguno de los siguientes ejemplos encontramos verbos, no es un error, sino una característica de la lengua china. Por lo general los predicados nominales tienen que ver con números, es decir, la edad de alguien, el día de la semana, la fecha, la hora, el valor o el precio de algo, etc.

Ejemplos:

1. 我^{wǒ} 三^{sān} 十^{shí} 一^{yī} 岁^{suì}。   Yo tengo 31 años.

2. 今^{jīn} 天^{tiān} 星^{xīng} 期^{qī} 五^{wǔ}。   Hoy es viernes.

3. 明^{míng} 天^{tiān} 八^{bā} 月^{yuè} 三^{sān} 号^{hào}。   Mañana es el tres de agosto.

4. 现^{xiàn} 在^{zài} 六^{liù} 点^{diǎn}。   Ahora son las seis.

5. 这^{zhè} 本^{běn} 书^{shū} 十^{shí} 六^{liù} 块^{kuài} 钱^{qián}。   Este libro cuesta 16 yuanes.

5.2. *Predicados adjetivales*

En chino moderno hay dos tipos de adjetivos: predicativos y no predicativos. Las palabras que pertenecen al segundo grupo solamente se emplean para modificar sustantivos, mientras que los adjetivos predicativos, también llamados predicados adjetivales, igual que los nominales, no necesitan de un verbo para cumplir su función predicativa. En este caso, nos encontramos con predicados adjetivales dónde el sujeto y el adjetivo se colocan uno al lado del otro sin necesidad de usar verbos como pasaría por ejemplo en español. En este caso es muy común el uso de adverbios intensificadores, también conocidos como modificadores adjetivales, en este nivel se emplean 很^{hěn} y 太^{tài}, pero en la lengua china hay unos cuantos más (非^{fēi} 常^{cháng}, 真^{zhēn}, 最^{zuì}, 更^{gèng}, etc.). Generalmente, los predicados adjetivales se emplean para describir cosas, situaciones o personas. El significado del predicado puede variar ligeramente dependiendo del sujeto que acompaña.

Ejemplos:

1. 今^{jīn} 天^{tiān} 很^{hěn} 热^{rè}   Hoy hace calor.

2. 我^{wǒ} 很^{hěn} 冷^{lěng}。   Yo tengo frío.

3. 天^{tiān} 气^{qì} 很^{hěn} 好^{hǎo}。   Hace buen tiempo.

4. 书^{shū} 很^{hěn} 多^{duō}。   Los libros son muchos.

5. 老^{lǎo} 师^{shī} 很^{hěn} 高^{gāo} 兴^{xīng}。   El profesor/la profesora está contento/a.

5.3. *Predicados verbales*

En chino los verbos no tienen conjugaciones o desinencias verbales. Esas informaciones se transmiten por medio de partículas gramaticales, el contexto o los demás elementos de la frase, el sujeto, por ejemplo, nos dicen quién realiza la acción y por ello casi nunca se puede omitir. Los modelos de frases más parecidas a las del español son posiblemente las de este tipo, es decir, las frases con predicado verbal. Por lo general, la estructura de estos tipos de frases es la siguiente:

sujeto+verbo+objeto

sujeto	verbo	objeto
Yo	tomo	té.
wǒ 我	hē 喝	chá 茶。
Ella	come	fruta.
tā 她	chī 吃	shuǐ guǒ 水果。

Para analizar u observar una frase en chino es muy práctico reconocer el predicado verbal principal, puesto que este se encuentra a menudo en el medio de la misma, después del sujeto y antes del objeto. Esto no quiere decir que una frase en chino solamente puede tener estos tres elementos, pero si es verdad que estos tres elementos suelen seguir en la posición indicada, aunque añadamos demás elementos. En niveles más avanzados se verá que hay ciertas estructuras de la oración en chino que perjudican este orden (tema-rema, oraciones con bǎ 把 o bèi 被), pero todavía en este nivel no se tratan estos aspectos del idioma. Una estructura más extendida de una oración en chino podría ser la que se encuentra a continuación:

Sujeto+tiempo+lugar+verbo+objeto

sujeto	tiempo	lugar	verbo	objeto
Yo	por la mañana	en casa	tomo	té.
wǒ 我	shàng wǔ 上午	zài jiā 在家	hē 喝	chá 茶。

Ejercicios

1. Explica con tus palabras las diferencias entre los predicados nominales, adjetivales y verbales en el chino moderno.

....

....

....

....

....

2. Indica el tipo de predicado que se encuentra en las siguientes frases: nominal (N), adjetival (A) o verbal (V).

1. wǒ xǐ huān hē chá 我喜欢喝茶。 (_____)
2. xiǎo lǐ sān shí liù suì 小李三十六岁。 (_____)
3. jīn tiān hěn lěng 今天很冷。 (_____)
4. jīn tiān xīng qī yī 今天星期一。 (_____)
5. tā hěn bù gāo xìng 她很不高兴。 (_____)
6. xiǎo wáng xué chē 小王学车。 (_____)
7. míng tiān huí jiā 明天回家。 (_____)

5.4. *Estructura* 是 — — 的

Esta es probablemente la estructura más común en la lengua china. En chino existen muchas de estas estructuras fraseológicas de dos palabras que expresan relaciones lógico-gramaticales específicas, como por ejemplo en español tenemos 'aunque..., pero...'. En lo específico la estructura 是 — — 的 se emplea para enfatizar lo que se encuentra justo después de 是, mientras que 的 siempre se encuentra al final de la oración, 是 se puede desplazar a lo largo de la oración para enfatizar lo que haga falta. Es muy complejo traducir esta estructura, puesto que sirve para enfatizar un cierto aspecto de la oración; en este nivel solamente se emplea para enfatizar el tiempo cuándo tiene lugar la acción, el lugar donde tiene lugar la acción y la manera en la que tiene lugar la acción. Como se ha mencionado previamente, la colocación y el orden de las palabras en chino es fundamental para saber qué rol tienen las palabras, en el caso de los aspectos que esta estructura enfatiza a este nivel los tres (tiempo, lugar y manera) se encuentran entre sujeto y verbo. O sea, la oración tendría la

siguiente estructura: sujeto + 是(shì) + tiempo/lugar/manera + verbo + objeto + 的(de).
Por lo general, al emplear esta estructura se deja una cierta parte de la información sin decir, hay una parte de la información que tanto el hablante como el
oyente conocen y no transmiten verbalmente.

1. 我(wǒ)是(shì)今(jīn)天(tiān)来(lái)北(běi)京(jīng)的(de)。 Yo he llegado hoy a Pekín (y no ayer/
   antier).

2. 爸(bà)爸(bà)是(shì)坐(zuò)出(chū)租(zū)车(chē)回(huí)家(jiā)的(de)。 Papá ha vuelto a casa en taxi (y no
   en bus/coche/tren, etc.).

3. 小(xiǎo)王(wáng)是(shì)在(zài)商(shāng)店(diàn)工(gōng)作(zuò)的(de)，不(bù)是(shì)在(zài)大(dà)学(xué)工(gōng)作(zuò)的(de)。 Xiao
   Wang trabaja en una tienda, no trabaja en la universidad.

4. 天(tiān)气(qì)是(shì)很(hěn)热(rè)的(de)。 El tiempo es efectivamente muy caliente/cálido.

5. 我(wǒ)是(shì)在(zài)这(zhè)里(lǐ)吃(chī)饭(fàn)的(de)。 Yo sí que como aquí (y no en otro sitio).

5.5. *Oraciones de existencia*

Las oraciones de existencia no indican una acción dinámica, sino que expresan que una cierta cosa o persona se encuentra en un cierto lugar; por ejemplo, en
español el siguiente podría ser un ejemplo de frase de existencia: hay un libro encima
de la mesa. Por lo general, en estas frases, nos encontramos con palabras definidas
como locativos, es decir, todas esas palabras que indican concepto de posición o
colocación, como por ejemplo los siguientes en español: encima de..., debajo de...,
detrás de..., en frente de..., a la derecha de..., etc. En chino, también existen estas
palabras pero, en vez de colocarse antes del lugar u objeto al que se refieren, se
colocan justo después de ello. Por ejemplo:

Encima de	la mesa
桌(zhuō)子(zi)	上(shàng)

Existen diferentes tipos de estructuras de existencia, las que se estudian y evalúan en este nivel son las que tienen la siguiente estructura:
Lugar+locativo+verbo 有(yǒu) / 是(shì) + objeto/persona, cuya correspondencia en español

sería encima de..., debajo de..., detrás de..., en frente de..., a la derecha de..., etc.
+ lugar+hay/se encuentra + objeto/persona.

Lugar+locativo	verbo 有/是	objeto/persona
⬇	⬇	⬇
Encima de..., debajo de..., detrás de..., en frente de..., a la derecha de..., etc. + lugar	hay/se encuentra	objeto/persona
⬇	⬇	⬇
椅子上 yǐ zi shàng	有 yǒu	书。 shū
Encima de la silla hay libros.		

Ejemplos:

1. 椅子下没有猫。 yǐ zi xià méi yǒu māo   Encima de la silla no hay un gato/gatos.

2. 桌子后面有椅子。 zhuō zi hòu miàn yǒu yǐ zi   Detrás de la mesa hay una silla/sillas.

3. 学校后面是书店。 xué xiào hòu miàn shì shū diàn   Detrás del colegio hay librerías/una librería.

4. 医院前面有饭店。 yī yuàn qián miàn yǒu fàn diàn   Delante del hospital hay restauran-tes/un restaurante.

5. 电影院里都是人。 diàn yǐng yuàn lǐ dōu shì rén   El cine está lleno de gente.

Ejercicios

1. Traduce las siguientes oraciones al chino.

1. Encima de la silla hay un gato.   Trad.:_____
2. En la escuela no hay libros.   Trad.:_____
3. En el restaurante hay té.   Trad.:_____
4. En la taza hay agua.   Trad.:_____
5. En el cine hay mucha gente.   Trad.:_____

5.6. *Oraciones de verbos en serie o concadenados*

Las oraciones con verbos en serie o verbos concadenados son oraciones que tienen la siguiente estructura: sujeto + verbo + objeto + verbo + objeto; es decir, son oraciones con un solo sujeto y varios verbos y objetos que aparecen uno detrás del otro sin la necesidad de emplear una palabra para indicar su relación. Estas oraciones expresan el instrumento que se emplea para hacer una cierta acción o la finalidad al hacer una cierta acción.

Ejemplos:

1. 我 去 中 国 学 习 汉 语。Yo voy a China para estudiar chino. (La finalidad es estudiar chino).

2. 爸 爸 来 北 京 看 我。 Papá viene a Pekín para verme. (La finalidad es verme).

3. 妈 妈 去 大 学 工 作。 Mamá va a la universidad para trabajar. (La finalidad es trabajar).

4. 我 们 坐 出 租 车 回 家。 Nosotros volvemos a casa en taxi. (El instrumento es el taxi).

5. 李 老 师 去 北 京 大 学 看 电 影。 El profesor/la profesora Li va a la Universidad de Pekín a ver una película. (La finalidad es ver una película).

5.7. *Oraciones con verbos causativos o verbos bisagra*

Existen varios verbos causativos o verbos bisagra en chino. Los lingüistas los llaman de esta manera puesto que, el objeto de este verbo es el sujeto del verbo siguiente, actúan entonces como bisagra. En este nivel solamente se estudia y evalúa 叫, pero existen unos cuantos más en el chino moderno que comparten esta misma función (让, 令, 使, 请). El verbo 叫 sirve para decir 'llamarse' en oraciones como 'Yo me llamo Lucía', pero también se emplea para expresar la idea de 'hacer que alguien haga algo' o 'pedirle a alguien que haga algo'. Por ejemplo: 'Llama a papá para que venga a comer' sería 你 叫 爸 爸 来 吃 饭。 Estructuralmente hablando 爸 爸 es el objeto del verbo 叫 y sujeto del verbo 吃.

1. 老 师 叫 学 生 说 汉 语。 El profesor hace que/pide que el alumnado hable chino. (学 生 es objeto de 叫 y sujeto de 说)

2. 妈妈叫我做饭。 Mamá hace que/pide que yo cocine. (我 es objeto de 叫 y sujeto de 做)

3. 我的朋友叫我去她家喝茶。 Mi amigo/a hace que/pide que yo vaya a su casa a tomar té. (我 es objeto de 叫 y sujeto de 去)

4. 小月叫他去饭店工作。 Xiao Yue hace que/pide que él vaya al restaurante a trabajar. (他 es objeto de 叫 y sujeto de 去)

5. 爸爸叫我去买东西。 Papá hace que/pide que yo vaya a comprar. (我 es objeto de 叫 y sujeto de 去)

5.8. *Oraciones interrogativas*

En chino existen muchos tipos de oraciones interrogativas, pero en este nivel solamente se estudian y evalúan las siguientes: con la partícula 吗 y con los pronombres interrogativos que aparecen en el vocabulario de este nivel.

ORACIONES INTERROGATIVAS: LA PARTÍCULA 吗

Esta es la manera más fácil de hacer una pregunta en chino, puesto que solamente se coloca la partícula 吗 al final de una oración afirmativa sin cambiar nada más.

1. Afirmativa: 他叫小王。   Él se llama Xiao Wang.

→ Interrogativa: 他叫小王吗？   ¿Él se llama Xiao Wang?

2. Afirmativa: 李老师喝茶。   El profesor/la profesora Li toma té.

→ Interrogativa: 李老师喝茶吗？   ¿El profesor/la profesora Li toma té?

3. Afirmativa: 爸爸说汉语。   Papá habla chino.

→ Interrogativa: 爸爸说汉语吗？   ¿Papá habla chino?

4. Afirmativa: 他坐飞机回家。   Él vuelve a casa en avión.

→ Interrogativa: 他坐飞机回家吗？   ¿Él vuelve a casa en avión?

5. Afirmativa: 学生来北京学习。   Los estudiantes vienen a Pekín a estudiar.

→ Interrogativa: 学 生 来 北 京 学 习 吗？   ¿Los estudiantes vienen a
xué shēng lái běi jīng xué xí ma   Pekín a estudiar?

A estas frases se contesta con el equivalente de si/no. Como dicho antes, en chino no existe un correspondiente exacto para estas palabras, por lo general se usa una de estas opciones: 是 / 不 是 o 有 / 没 有. En otros casos también se puede usar el verbo principal de la frase en forma afirmativa o negativa, según el caso. Por ejemplo, si pregunto: 你 喜 欢 汉 语 吗？ puedo contestar usando el verbo principal de la frase: 喜 欢 para decir 'sí, me gusta' o 不 喜 欢 'no, no me gusta'.

ORACIONES INTERROGATIVAS: LOS PRONOMBRES INTERROGATIVOS

Otra manera muy intuitiva de hacer preguntas en chino es usar los pronombres interrogativos. En este nivel aparecen: 谁，哪，哪 儿，什 么，怎 么，怎 么 样，几，多，多 少，什 么 时 候. Mientras en otros idiomas como el inglés o el castellano los pronombres interrogativos se colocan en un lugar específico de la oración, en decir siempre al principio de la oración, en chino moderno los pronombres interrogativos no se encuentran en una posición fija dentro de la oración, es decir, en el lugar donde colocaría la palabra que responde a esa pregunta. Ocupan el lugar que ocuparía generalmente la información sobre la que preguntan. Por ejemplo, si preguntamos sobre quién ha hecho algo, pedimos saber quién es el sujeto de esa oración, por ello el pronombre interrogativo correspondiente se encontrará en el mismo lugar donde se encuentra el sujeto en una oración afirmativa, es decir, al principio de la oración (ejemplos 1 y 2). Si preguntamos sobre qué ha hecho alguien, pedimos saber qué es el objeto de esa oración, por ello el pronombre interrogativo correspondiente se encontrará en el mismo lugar donde se encuentra el objeto en una oración afirmativa, es decir, al final de la oración después del verbo (ejemplo 3 y 4).

1. 老 师 吃 水 果。 SUJETO = 老 师 VERBO = 吃 OBJETO = 水 果 →
   谁 吃 水 果？

2. 他 是 李 老 师。 Él es el profesor Li. →谁 是 李 老 师？ ¿Quién es el profesor Li?

3. 老 师 吃 水 果。 SUJETO= 老 师 VERBO = 吃 OBJETO = 水 果 →
   老 师 吃 什 么？

4. 她 是 我 妈 妈。 Ella es mi mamá. → 她 是 谁？ ¿Quién es ella?

哪 (nǎ) se emplea para decir 'qué', 'cuál' o 'cuál de estos/ellos'. Se usa junto a otras palabras y detrás de este siempre encontramos el clasificador que le corresponde al sustantivo que le acompaña (哪 (nǎ) + clasificador+sustantivo). En algunos casos entre este pronombre y el clasificador podemos encontrar un número (哪 (nǎ) + número+cla sificador+sustantivo).

1. 你喜欢哪个杯子？(nǐ xǐ huān nǎ gè bēi zi) ¿A ti cuál de estas tazas te gusta?

2. 小月吃哪个菜？(xiǎo yuè chī nǎ gè cài) Xiao Yue ¿Cuál de estos platos come?

3. 哪个饭店很好？(nǎ gè fàn diàn hěn hǎo) ¿Cuál de esos restaurantes es bueno?

4. 她想买哪个？(tā xiǎng mǎi nǎ gè) ¿Cuál quiere comprar ella?

5. 哪个杯子是我的？(nǎ gè bēi zi shì wǒ de) ¿Cuál de esas tazas es mía?

哪儿 (nǎ ér) es el pronombre que se usa para preguntar por un lugar (dónde). Por eso, se encuentra casi siempre entre sujeto y verbo o después del verbo principal cuando este es 在 (zài). También se puede decir 哪里 (nǎ lǐ) para expresar el mismo concepto.

1. 李明在哪儿学习？(lǐ míng zài nǎ ér xué xí) ¿Dónde estudia Li Ming?

2. 商店在哪儿？(shāng diàn zài nǎ ér) ¿Dónde está la tienda?

3. 爸爸去哪儿？(bà bà qù nǎ ér) ¿Adónde va papá?

4. 他们住在哪儿？(tā men zhù zài nǎ ér) ¿Dónde viven ellos?

5. 你在哪儿？(nǐ zài nǎ ér) ¿Tú dónde estás? (¡Ojo! Aquí 在 es el verbo 'estar')

6. 他们在哪儿？(tā men zài nǎ ér) ¿Dónde están ellos? (¡Ojo! Aquí 在 es el verbo 'estar')

7. 妈妈在哪儿工作？(mā mā zài nǎ ér gōng zuò) ¿Dónde trabaja mamá?

什么 (shén me) significa 'qué' o 'de qué tipo'. Se encuentra casi siempre en la posición que le correspondería al objeto, es decir después del verbo principal. Se usa solo, es decir, no necesita ir acompañado de demás palabras, pero en muchas ocasiones se puede encontrar junto a otras palabras, por lo general sustantivos como se observa en el ejemplo 5.

1. 你看什么？(nǐ kàn shén me) ¿Qué miras (tú)?

2. 你想吃什么？(nǐ xiǎng chī shén me) ¿Qué quieres comer?

3. <ruby>爸<rt>bà</rt></ruby> <ruby>爸<rt>bà</rt></ruby> <ruby>喝<rt>hē</rt></ruby> <ruby>什<rt>shén</rt></ruby> <ruby>么<rt>me</rt></ruby>？ ¿Qué bebe papá?

4. <ruby>老<rt>lǎo</rt></ruby> <ruby>师<rt>shī</rt></ruby> <ruby>说<rt>shuō</rt></ruby> <ruby>什<rt>shén</rt></ruby> <ruby>么<rt>me</rt></ruby>？ ¿Qué dice el profesor?

5. <ruby>这<rt>zhè</rt></ruby> <ruby>是<rt>shì</rt></ruby> <ruby>什<rt>shén</rt></ruby> <ruby>么<rt>me</rt></ruby> <ruby>书<rt>shū</rt></ruby>？ ¿Qué tipo de libro es este?

Ejercicios

1. Traduce al chino las siguientes preguntas.

1. ¿Qué te gusta hacer?   Trad.: _____

2. ¿Qué quieres beber?   Trad.: _____

3. ¿Qué queremos escribir? Trad.: _____

4. ¿Qué has comprado?   Trad.: _____

5. ¿Qué leen ellas?   Trad.: _____

<ruby>怎<rt>zěn</rt></ruby> <ruby>么<rt>me</rt></ruby> quiere decir 'de qué manera' o 'cómo' se hace algo, por ello se coloca siempre antes del verbo, entre sujeto y verbo, en una posición que se considera adverbial, puesto que los adverbios en chino se colocan justo a la izquierda del verbo.

1. <ruby>你<rt>nǐ</rt></ruby> <ruby>怎<rt>zěn</rt></ruby> <ruby>么<rt>me</rt></ruby> <ruby>回<rt>huí</rt></ruby> <ruby>家<rt>jiā</rt></ruby>？ ¿Cómo vuelves a casa?

2. <ruby>老<rt>lǎo</rt></ruby> <ruby>师<rt>shī</rt></ruby> <ruby>怎<rt>zěn</rt></ruby> <ruby>么<rt>me</rt></ruby> <ruby>写<rt>xiě</rt></ruby> <ruby>汉<rt>hàn</rt></ruby> <ruby>字<rt>zì</rt></ruby>？ ¿El profesor/la profesora cómo escribe los caracteres chinos?

3. <ruby>我<rt>wǒ</rt></ruby> <ruby>们<rt>men</rt></ruby> <ruby>怎<rt>zěn</rt></ruby> <ruby>么<rt>me</rt></ruby> <ruby>去<rt>qù</rt></ruby> <ruby>电<rt>diàn</rt></ruby> <ruby>影<rt>yǐng</rt></ruby> <ruby>院<rt>yuàn</rt></ruby>？ ¿Nosotros cómo vamos al cine?

4. <ruby>爸<rt>bà</rt></ruby> <ruby>爸<rt>bà</rt></ruby> <ruby>怎<rt>zěn</rt></ruby> <ruby>么<rt>me</rt></ruby> <ruby>去<rt>qù</rt></ruby> <ruby>北<rt>běi</rt></ruby> <ruby>京<rt>jīng</rt></ruby>？ ¿Papá cómo va a Pekín? (En avión, en tren, ...).

5. <ruby>她<rt>tā</rt></ruby> <ruby>怎<rt>zěn</rt></ruby> <ruby>么<rt>me</rt></ruby> <ruby>来<rt>lái</rt></ruby> <ruby>这<rt>zhè</rt></ruby> <ruby>儿<rt>ér</rt></ruby>？ ¿Ella de qué manera viene aquí? (Andando, en bus, en bici, en coche...).

<ruby>怎<rt>zěn</rt></ruby> <ruby>么<rt>me</rt></ruby> <ruby>样<rt>yàng</rt></ruby> se emplea para decir 'cómo es', 'cómo está' o 'qué tal está' algo o alguien, por ello, generalmente cubre la posición de los predicados adjetivales, puesto que estos se usan para describir como es algo o alguien.

1. <ruby>你<rt>nǐ</rt></ruby> <ruby>怎<rt>zěn</rt></ruby> <ruby>么<rt>me</rt></ruby> <ruby>样<rt>yàng</rt></ruby>？ ¿Cómo estás?

2. <ruby>这<rt>zhè</rt></ruby> <ruby>本<rt>běn</rt></ruby> <ruby>书<rt>shū</rt></ruby> <ruby>怎<rt>zěn</rt></ruby> <ruby>么<rt>me</rt></ruby> <ruby>样<rt>yàng</rt></ruby>？ ¿Cómo es este libro?

3. <ruby>这<rt>zhè</rt></ruby> <ruby>个<rt>gè</rt></ruby> <ruby>饭<rt>fàn</rt></ruby> <ruby>店<rt>diàn</rt></ruby> <ruby>怎<rt>zěn</rt></ruby> <ruby>么<rt>me</rt></ruby> <ruby>样<rt>yàng</rt></ruby>？ ¿Cómo es este restaurante?

4. 茶^{chá}怎^{zěn}么^{me}样^{yàng}？ ¿Cómo es el té? (Muy amargo, muy caliente, muy bueno, etc.).

5. 汉^{hàn}字^{zì}怎^{zěn}么^{me}样^{yàng}？ ¿Cómo son los caracteres chinos? (Muy interesantes, muy complejos, muy divertidos, etc.).

6. 天^{tiān}气^{qì}怎^{zěn}么^{me}样^{yàng}？ ¿Cómo es el tiempo? (Hace calor, hace frío, llueve, hay viento, etc.).

多^{duō} se emplea para decir 'cuánto...', 'cuán...', 'cómo de...'. Se usa junto a adjetivos, como en 'cómo de grande', 'cuánto grande', etc.

1. 你^{nǐ}多^{duō}大^{dà}？ ¿Cuántos años tienes? ¿Cómo de grande eres?

2. 今^{jīn}天^{tiān}多^{duō}热^{rè}？ ¿Cuánto calor hace hoy?

3. 猫^{māo}多^{duō}小^{xiǎo}？ ¿Cómo de pequeño es el gato?

4. 他^{tā}多^{duō}高^{gāo}兴^{xìng}？ ¿Cuánto contento es él?

几^{jǐ} se emplea para decir 'cuánto/s...'. Se usa solo o junto a otras palabras, por lo general junto a nombres y tiene que ir acompañado del clasificador correspondiente. Es el pronombre que se usa para pedir la hora junto a la palabra 点^{diǎn} 'hora'.

1. 现^{xiàn}在^{zài}几^{jǐ}点^{diǎn}？ ¿Qué hora es ahora?

2. 你^{nǐ}有^{yǒu}几^{jǐ}本^{běn}书^{shū}？ ¿Cuántos libros tienes?

3. 李^{lǐ}老^{lǎo}师^{shī}有^{yǒu}几^{jǐ}个^{gè}学^{xué}生^{shēng}？ ¿Cuántos estudiantes tiene el profesor/la profesora Li?

多少^{duō shǎo} se usa para decir 'cuánto/s...'. Se usa solo o junto a otras palabras, por lo general junto a nombres. No es necesario colocar el clasificador correspondiente.

1. 饭^{fàn}店^{diàn}里^{lǐ}有^{yǒu}多^{duō}少^{shǎo}人^{rén}？ ¿Cuántas personas hay en el restaurante?

2. 你^{nǐ}看^{kàn}了^{le}多^{duō}少^{shǎo}电^{diàn}影^{yǐng}？ ¿Cuántas películas has visto?

3. 你^{nǐ}喝^{hē}多^{duō}少^{shǎo}茶^{chá}？ ¿Cuánto té tomas?

4. 有^{yǒu}多^{duō}少^{shǎo}学^{xué}生^{shēng}？ ¿Cuántos estudiantes hay?

5. 你^{nǐ}吃^{chī}多^{duō}少^{shǎo}饭^{fàn}？ ¿Cuánto comes?

6. 你^{nǐ}有^{yǒu}多^{duō}少^{shǎo}书^{shū}？ ¿Cuántos libros tienes?

7. 她会写多少汉字？　¿Cuántos caracteres sabe escribir ella?

8. 学校里有多少同学？　¿Cuántos compañeros hay en casa?

DESAMBIGUACIÓN ENTRE 几 Y 多少

Por lo general, 多少 se emplea para grandes cantidades y no suele ir acompañado del clasificador que le corresponde al sustantivo que le acompaña (多少 +sustantivo), 几 se usa más comúnmente para cantidades más bien reducidas y suele ir acompañado del clasificador que le corresponde al sustantivo que le sigue (几 + clasificador + sustantivo).

1. 那里有多少学生？　entre 多少 y 学生 no se encuentra un clasificador.

2. 这里有几个人？　entre 几 y 人 se encuentra el clasificador 个, que es el que le corresponde a la palabra 人.

Ejercicios

2. Completa las siguientes frases con 几 o 多少 según cuanto explicado. Después traduce las preguntas al español.

1. 王老师有＿＿＿＿＿＿书？　Trad.: ＿＿＿＿＿＿＿＿＿＿

2. 你吃了＿＿＿＿＿块水果？　Trad.: ＿＿＿＿＿＿＿＿＿＿

3. 你的大学有＿＿＿汉语老师？　Trad.: ＿＿＿＿＿＿＿＿＿＿

4. 妈妈看了＿＿＿＿＿本书？　Trad.: ＿＿＿＿＿＿＿＿＿＿

5. ＿＿＿＿＿＿＿＿医生在医院？　Trad.: ＿＿＿＿＿＿＿＿＿＿

6. ＿＿＿＿＿＿＿＿个人去？　Trad.: ＿＿＿＿＿＿＿＿＿＿

7. 这里有＿＿＿＿＿＿＿椅子？　Trad.: ＿＿＿＿＿＿＿＿＿＿

什么时候 se usa para decir 'cuándo/s...'. Se coloca entre sujeto y verbo, puesto que, generalmente, ese es el lugar del tiempo en una frase en chino.

1. 他们什么时候学习？　¿Cuándo estudian ellos?

2. 我们什么时候回家？　¿Cuándo volvemos a casa?

3. 爸爸什么时候回来？　¿Cuándo vuelve papá?

Ejercicios

3. Usa los siguientes pronombres interrogativos para completar correctamente las siguientes oraciones: 谁，<ruby>哪<rt>nǎ</rt></ruby><ruby>儿<rt>ér</rt></ruby>，<ruby>哪<rt>nǎ</rt></ruby>，<ruby>几<rt>jǐ</rt></ruby>，<ruby>多少<rt>duō shǎo</rt></ruby>，<ruby>多<rt>duō</rt></ruby>。

1. <ruby>爸爸<rt>bà bà</rt></ruby>_____<ruby>大<rt>dà</rt></ruby>？

2. <ruby>今天有<rt>jīn tiān yǒu</rt></ruby>_____<ruby>个人学生<rt>gè rén xué shēng</rt></ruby>？

3. _____<ruby>会开车<rt>huì kāi chē</rt></ruby>？

4. <ruby>你在<rt>nǐ zài</rt></ruby>_____<ruby>学车<rt>xué chē</rt></ruby>？

5. _____<ruby>个杯子是我的<rt>gè bēi zi shì wǒ de</rt></ruby>？

6. <ruby>他们想去<rt>tā men xiǎng qù</rt></ruby>_____？

FRASES INTERROGATIVAS: AFIRMACIÓN-NEGACIÓN

En chino existe otra manera más de hacer preguntas y es afirmando y negando el predicado dentro de la frase como se hace en las siguientes frases. Se puede emplear con predicados verbales o adjetivales.

1. <ruby>你是不是中国人<rt>nǐ shì bù shì zhōng guó rén</rt></ruby>？ ¿Eres chino/a?

2. <ruby>他会不会开车<rt>tā huì bù huì kāi chē</rt></ruby>？ ¿Sabe conducir?

3. <ruby>爸爸喝不喝茶<rt>bà bà hē bù hē chá</rt></ruby>？ ¿Papá toma té?

4. <ruby>妈妈高兴不高兴<rt>mā mā gāo xīng bù gāo xīng</rt></ruby>？ ¿Mamá está contenta?

Ejercicios

4. ¿Cuál es la pregunta para estas respuestas?

1. Respuesta: <ruby>妈妈不会开车<rt>mā mā bù huì kāi chē</rt></ruby>。 Pregunta: _____

2. Respuesta: <ruby>我想喝茶<rt>wǒ xiǎng hē chá</rt></ruby>。 Pregunta: _____

3. Respuesta: <ruby>她们在北京<rt>tā men zài běi jīng</rt></ruby>。 Pregunta: _____

4. Respuesta: <ruby>今天很冷<rt>jīn tiān hěn lěng</rt></ruby>。 Pregunta: _____

5. Respuesta: <ruby>王医生不是中国人<rt>wáng yī shēng bù shì zhōng guó rén</rt></ruby>。 Pregunta: _____

6. Respuesta: <ruby>我在大学工作<rt>wǒ zài dà xué gōng zuò</rt></ruby>。 Pregunta: _____

7. Respuesta: <ruby>她们在大学学习汉语<rt>tā men zài dà xué xué xí hàn yǔ</rt></ruby> Pregunta: _____

8. Respuesta: <ruby>她们坐飞机回来<rt>tā men zuò fēi jī huí lái</rt></ruby>。 Pregunta: _____

5.9. *Oraciones exclamativas*

Otra estructura de dos caracteres es 太^{tài} ...... 了^{le}! Es una estructura enfática que sirve para hacer hincapié en lo que estamos afirmando y por lo general su correspondiente en español sería: 'qué+adjetivo+es' o 'es demasiado...'. Se puede generalmente usar con adjetivos: 太^{tài} +adjetivo+ 了^{le}!

1. 茶^{chá} 太^{tài} 好^{hǎo} 了^{le}! Qué bueno es el té.

2. 狗^{gǒu} 太^{tài} 漂^{piāo} 亮^{liàng} 了^{le}! El perro es muy bonito. / Qué bonito es el perro.

3. 桌^{zhuō} 子^{zi} 太^{tài} 大^{dà} 了^{le}! La mesa es demasiado grande.

4. 人^{rén} 太^{tài} 多^{duō} 了^{le}! La gente es demasiada./ Hay demasiada gente.

5. 钱^{qián} 太^{tài} 少^{shǎo} 了^{le}! El dinero es demasiado poco. / El dinero no es suficiente.

5.10. *Oraciones imperativas*

En chino, cuando se quiere pedir a alguien que haga algo o invitar a alguien que haga algo de manera amable, usamos el verbo 请^{qǐng}. En muchos casos se traduce este verbo con "por favor", pero es muy importante entender que su función no es la de esas palabras, puesto que es un verbo bisagra. Como hemos dicho antes, los verbos bisagra son verbos seguidos por un objeto que tiene función de sujeto del verbo que sigue. Literalmente este verbo quiere decir 'invitar', 'rogar', 'suplicar', 'pedir', etc. En algunos contextos específicos, como los de salir a comer o beber a un bar o restaurante, se emplea para decir 'te invito' en el sentido de 'yo pago la cuenta'.

1. 请^{qǐng} 进^{jìn}。 Por favor, entra.

2. 请^{qǐng} 坐^{zuò}。 Siéntate, por favor.

3. 我^{wǒ} 请^{qǐng} 朋^{péng} 友^{yǒu} 来^{lái} 我^{wǒ} 家^{jiā}。 Yo invito mis amigos a mi casa.

4. 妈^{mā} 妈^{mā} 请^{qǐng} 我^{wǒ} 吃^{chī} 饭^{fàn}。 Mamá me invita a comer (paga ella la comida).

5. 他^{tā} 请^{qǐng} 你^{nǐ} 去^{qù} 北^{běi} 京^{jīng}。 Él te invita/ruega que vayas a Pekín.

5.11. *Complementos posverbales*

En chino existe un grupo de complementos que se definen posverbales, es decir, que se colocan a la derecha del verbo. Algunos de ellos emplean la partícula 得^{de}, mientras que otros simplemente se colocan después del verbo. Los que se estudian en este nivel son los resultativos. Los resultativos son un grupo de palabras, todos verbos y adjetivos, que se colocan justo después del verbo sin la necesidad de añadir nada entre los dos elementos. Se definen así porque sirven para indicar el resultado de la acción que se ha realizado; por ejemplo, una persona estudia con el resultado esperado de aprender lo que estudia, por ende el verbo principal es 学 (xué) y su resultativo es 会 (huì); es decir 学会 (xué huì) significa aprender. Otros ejemplos pueden ser: una persona busca algo con la finalidad de encontrarlo (找到 zhǎo dào), escucha con la finalidad de oír (听见 tīng jiàn) o mira con la finalidad de ver (看见 kàn jiàn). En español, se suelen tener palabras diferentes para los dos momentos de la acción, por ejemplo: buscar-encontrar, estudiar-aprender, preparar-listo, mirar-visto, etc. Una buena técnica para observar la diferencia entre los verbos sin resultativos y con resultativos es verlos de la siguiente manera:

Acción sin resultativo: ver → Acción con resultativo: visto
Acción sin resultativo: comer → Acción con resultativo: comido
Acción sin resultativo: estudiar → Acción con resultativo: estudiado
Acción sin resultativo: dormir → Acción con resultativo: dormido

Existe un listado limitado de palabras que hacen parte de este grupo, pero en este nivel solamente se estudian y evalúan las siguientes: 会 (huì), 好 (hǎo) y 见 (jiàn).

会 (huì) se emplea para decir que se ha podido aprender algo.

1. 他学会了汉语。(tā xué huì le hàn yǔ) Él ha aprendido chino.
2. 爸爸学会了做饭。(bà bà xué huì le zuò fàn) Papá ha aprendido a cocinar.
3. 你们学会了做中国菜。(nǐ men xué huì le zuò zhōng guó cài) Vosotros habéis aprendido a cocinar comida china.

好 (hǎo) se emplea para decir que se ha podido terminar, está listo, la acción que quería hacer se hizo. No tiene que ver con hacer algo bien.

1. 饭做好了。(fàn zuò hǎo le) La comida está hecha/está lista.
2. 水果我买好了。(shuǐ guǒ wǒ mǎi hǎo le) La fruta yo ya la he comprado.
3. 汉字写好了吗？(hàn zì xiě hǎo le ma) ¿Has/han terminado de escribir los caracteres chinos?

见^{jiàn} se emplea para decir que se ha podido alcanzar una percepción, por ello, generalmente se suele usar con verbos cuya acción es una percepción, por ejemplo: 看^{kàn} o 听^{tīng}.

1. 你听见了吗？^{nǐ tīng jiàn le ma} ¿Lo has oído?

2. 爸爸看见了。^{bà bà kàn jiàn le} Papá lo ha visto.

3. 他没看见我。^{tā méi kàn jiàn wǒ} Él no me vio/ha visto.

5.12. *Miscelánea*

...... 时候^{shí hòu}...... / ...... 的时候^{de shí hòu}......

Categoría: nombre de tiempo.

Uso: se emplea para decir: "cuando...", es decir, para expresar la idea del momento cuando tiene lugar una cierta acción. Se coloca entre sujeto y predicado, puesto que ese es el lugar asignado para el tiempo en chino.

Ejemplos:

1. 他看电影的时候喜欢喝茶。^{tā kàn diàn yǐng de shí hòu xǐ huān hē chá} A él le gusta beber té mientras ve películas.

2. 我们在北京的时候去看你。^{wǒ men zài běi jīng de shí hòu qù kàn nǐ} Iremos a verte cuando estemos en Pekín.

3. 我学习的时候不喜欢吃饭。^{wǒ xué xí de shí hòu bù xǐ huān chī fàn} No me gusta comer mientras estoy estudiando.

4. 你什么时候回家？^{nǐ shén me shí hòu huí jiā} ¿Cuándo vuelves a casa?

...... 前^{qián}

Categoría: nombre de tiempo.

Uso: se emplea para decir 'antes de...' junto a una acción como en 'antes de comer' o junto a un nombre de tiempo como en 'antes del lunes'.

Ejemplos:

1. 他星期一前去中国。^{tā xīng qī yī qián qù zhōng guó} Él va a China antes del lunes.

2. 八月前爸爸来北京。^{bā yuè qián bà bà lái běi jīng} Papá llega a Pekín antes de agosto.

3. <ruby>你<rt>nǐ</rt></ruby> <ruby>回<rt>huí</rt></ruby> <ruby>来<rt>lái</rt></ruby> <ruby>前<rt>qián</rt></ruby> <ruby>我<rt>wǒ</rt></ruby> <ruby>想<rt>xiǎng</rt></ruby> <ruby>买<rt>mǎi</rt></ruby> <ruby>衣<rt>yī</rt></ruby> <ruby>服<rt>fú</rt></ruby>。 Yo tengo pensado comprar ropa antes de que tú vuelvas.

4. <ruby>买<rt>mǎi</rt></ruby> <ruby>衣<rt>yī</rt></ruby> <ruby>服<rt>fú</rt></ruby> <ruby>前<rt>qián</rt></ruby> <ruby>去<rt>qù</rt></ruby> <ruby>看<rt>kàn</rt></ruby> <ruby>电<rt>diàn</rt></ruby> <ruby>影<rt>yīng</rt></ruby>。 Antes de comprar ropa vamos a ver una película.

<ruby>在<rt>zài</rt></ruby>

Categoría: verbo 'estar/encontrarse en' o preposición 'en'. Se puede fácilmente observar la diferencia de esta manera: si en la oración existe otro verbo, esta palabra es probablemente una preposición.

Uso:

Cuando es verbo: se emplea para decir: 'estar en.../encontrarse en...', por lo general se encuentra junto a un lugar.

Cuando es preposición: se emplea para decir: 'en...', por lo general se encuentra junto a un lugar y expresa dónde ocurre la acción indicada por el verbo de la oración. Por lo general, las preposiciones en chino se colocan antes del verbo principal, junto a las palabras que acompañan (grupo preposicional).

Ejemplos:

1. <ruby>妈<rt>mā</rt></ruby> <ruby>妈<rt>mā</rt></ruby> <ruby>在<rt>zài</rt></ruby> <ruby>北<rt>běi</rt></ruby> <ruby>京<rt>jīng</rt></ruby>。 Mamá está en Pekín. (Verbo)
2. <ruby>杯<rt>bēi</rt></ruby> <ruby>子<rt>zi</rt></ruby> <ruby>在<rt>zài</rt></ruby> <ruby>桌<rt>zhuō</rt></ruby> <ruby>子<rt>zi</rt></ruby> <ruby>上<rt>shàng</rt></ruby>。 La taza está encima de la mesa. (Verbo)
3. <ruby>老<rt>lǎo</rt></ruby> <ruby>师<rt>shī</rt></ruby> <ruby>在<rt>zài</rt></ruby> <ruby>中<rt>zhōng</rt></ruby> <ruby>国<rt>guó</rt></ruby>。 El profesor/la profesora está en China. (Verbo)
4. <ruby>我<rt>wǒ</rt></ruby> <ruby>在<rt>zài</rt></ruby> <ruby>北<rt>běi</rt></ruby> <ruby>京<rt>jīng</rt></ruby> <ruby>学<rt>xué</rt></ruby> <ruby>习<rt>xí</rt></ruby> <ruby>汉<rt>hàn</rt></ruby> <ruby>语<rt>yǔ</rt></ruby>。 Yo estudio chino en Pekín. (Preposición)
5. <ruby>小<rt>xiǎo</rt></ruby> <ruby>姐<rt>jiě</rt></ruby> <ruby>在<rt>zài</rt></ruby> <ruby>大<rt>dà</rt></ruby> <ruby>学<rt>xué</rt></ruby> <ruby>工<rt>gōng</rt></ruby> <ruby>作<rt>zuò</rt></ruby>。 La chica trabaja en la universidad. (Preposición)

Ejercicios

1. Índica cuándo <ruby>在<rt>zài</rt></ruby> es preposición (P) y cuando es verbo (V) y luego tradúcelas al español.

1. <ruby>她<rt>tā</rt></ruby> <ruby>们<rt>men</rt></ruby> <ruby>在<rt>zài</rt></ruby> <ruby>中<rt>zhōng</rt></ruby> <ruby>国<rt>guó</rt></ruby> <ruby>学<rt>xué</rt></ruby> <ruby>习<rt>xí</rt></ruby> <ruby>汉<rt>hàn</rt></ruby> <ruby>语<rt>yǔ</rt></ruby>。 _____

2. <ruby>小<rt>xiǎo</rt></ruby> <ruby>月<rt>yuè</rt></ruby> <ruby>在<rt>zài</rt></ruby> <ruby>大<rt>dà</rt></ruby> <ruby>学<rt>xué</rt></ruby>。 _____

3. <ruby>老<rt>lǎo</rt></ruby> <ruby>师<rt>shī</rt></ruby> <ruby>在<rt>zài</rt></ruby> <ruby>家<rt>jiā</rt></ruby> <ruby>学<rt>xué</rt></ruby> <ruby>习<rt>xí</rt></ruby>。 _____

4. <ruby>小<rt>xiǎo</rt></ruby> <ruby>李<rt>lǐ</rt></ruby> <ruby>在<rt>zài</rt></ruby> <ruby>电<rt>diàn</rt></ruby> <ruby>影<rt>yīng</rt></ruby> <ruby>院<rt>yuàn</rt></ruby> <ruby>工<rt>gōng</rt></ruby> <ruby>作<rt>zuò</rt></ruby>。 _____

5. <ruby>王<rt>wáng</rt></ruby> <ruby>医<rt>yī</rt></ruby> <ruby>生<rt>shēng</rt></ruby> <ruby>在<rt>zài</rt></ruby> <ruby>中<rt>zhōng</rt></ruby> <ruby>国<rt>guó</rt></ruby> <ruby>工<rt>gōng</rt></ruby> <ruby>作<rt>zuò</rt></ruby>。 _____

huì
会

Categoría: verbo auxiliar o modal.

Uso: se emplea para decir 'ser capaz de...', es decir, expresa que una persona puede hacer algo por haberlo aprendido o estudiado, se suele emplear con los deportes, las lenguas y demás habilidades que se aprenden por medio del estudio.

Ejemplos:

1. 我 会 开 车。 Yo sé conducir.
<small>wǒ huì kāi chē</small>

2. 学 生 会 说 汉 语。 El estudiante/Los estudiantes sabe/n hablar chino.
<small>xué shēng huì shuō hàn yǔ</small>

3. 先 生 会 不 会 说 汉 语？ ¿El señor sabe hablar chino?
<small>xiān shēng huì bù huì shuō hàn yǔ</small>

Ejercicios

2. Traduce al chino las siguientes oraciones

1. Papá sabe cocinar.   Trad.: _____
2. Los estudiantes saben escribir
   caracteres chinos.   Trad.: _____
3. ¿Sabes conducir?   Trad.: _____
4. Ella sabe leer los caracteres chinos. Trad.: _____

néng
能

Categoría: verbo auxiliar o modal.

Uso: se emplea para decir 'poder...' para expresar si algo puede o no puede suceder por razones externas. No expresa la habilidad o la capacidad de hacer algo, sino más bien la posibilidad o si algo está permitido.

Ejemplos:

1. 那 里 能 做 饭 吗？ ¿Allí es posible/se puede cocinar?
<small>nà lǐ néng zuò fàn ma</small>

2. 在 医 院 不 能 打 电 话。 En el hospital no se puede llamar por teléfono.
<small>zài yī yuàn bù néng dǎ diàn huà</small>

3. 妈 妈 不 能 来 北 京。 Mamá no puede venir a Pekín.
<small>mā mā bù néng lái běi jīng</small>

4. 小 姐 不 能 去 北 京。 La chica no puede irse a Pekín.
<small>xiǎo jiě bù néng qù běi jīng</small>

COMPARACIÓN ENTRE 能_{néng} y 会_{huì}

Como pasa en muchos idiomas, es posible usar las mismas palabras en las mismas oraciones con significados ligeramente diferentes. Vamos a ver algunos ejemplos con estos dos verbos auxiliares.

我 不 会 打 电 话。 Yo no puedo llamar. (Yo no sé usar el teléfono para hacer una llamada) → 我 不 能 打 电 话。 Yo no puedo llamar. (Yo no puedo usar el teléfono para hacer una llamada porque estoy ocupado, tengo el teléfono roto o hay otra situación que me impide llamar por teléfono).

我 不 会 做 饭。 Yo no sé cocinar. → 我 不 能 做 饭。 Yo no puedo cocinar. (Porque no tengo cocina, no tengo gas o electricidad, no tengo tiempo o hay otra situación que me impide hacerlo).

我 不 会 开 车。 Yo no sé conducir. → 我 不 能 开 车。 Yo no puedo conducir. (Porque he bebido, no tengo coche o hay otra situación que me impide hacerlo).

想_{xiǎng}

Categoría: verbo.

Uso: se emplea para decir 'tengo la intención de...', 'quiero...', 'tengo pensado...'. Se usa para expresar que alguien desea hacer algo.

Ejemplos:

1. 我 想 回 去。   Yo quiero volverme.

2. 爸 爸 想 去 中 国 学 习。 Papá quiere irse a China a estudiar.

3. 她 想 做 饭。   Ella quiere cocinar.

4. 我 们 想 八 月 回 家。   Nosotros tenemos pensado volver
                          a casa en agosto.

5. 我 想 开 车 去 电 影 院。 Quiero ir al cine en coche (conduciendo).

一 点 儿_{yī diǎn ér}

Categoría: indicador de cantidad, modificador adjetival

Uso: se emplea para decir 'un poco'. Se usa solo, es decir, no necesita ir acompañado de demás palabras. Pero por lo general se encuentra junto a nombres de los que indica la cantidad: 一 点 儿 水 un poco de agua. Puede también encontrarse junto a un adjetivo con la función de modificador adjetival, en ese caso se acompaña del verbo 有: 有 + 点 儿 +adjetivo, como se observa en el ejemplo 4. El significado de 有 点 儿 puede variar ligeramente dependiendo del sujeto que acompaña, como se observa en las oraciones 4 y 5.

Ejemplos:

1. 我 会 说 一 点 儿 汉 语。   Yo hablo un poco de chino.

2. 爸 爸，吃 了 一 点 水 果。 Papá comió un poco de fruta.

3. 老 师 喝 了 一 点 儿 茶。   El profesor/la profesora bebió
   un poco de té.

4. 今 天 有 点 儿 热。   Hoy hace un poco de calor.

5. 他 有 点 儿 冷。   Él tiene un poco de frío.

块 y 钱

Categoría: sustantivos y clasificadores

Uso: se emplean para decir los precios. En chino existen tres tipos de predicados: verbales, adjetivales y nominales. Los predicados adjetivales y nominales no necesitan de un verbo para cumplir su función. En este caso, nos encontramos con predicados nominales dónde el sujeto y el objeto se colocan uno al lado del otro sin necesidad de usar verbos, como pasaría por ejemplo en español. En español diríamos: este libro cuesta tres euros. En chino: este libro tres euros. Por ello, en ninguno de los siguientes ejemplos encontramos verbos, no es un error, sino una característica de la lengua china.

Ejemplos:

1. 这 本 书 三 块 钱。   Este libro vale tres yuanes.

2. 那 个 杯 子 六 块 钱。 Aquella taza cuesta seis yuanes.

3. 我 的 衣 服 三 十 块 钱。 Mi ropa vale treinta yuanes.

4. 水 果 十 块 钱。   La fruta cuesta diez yuanes.

一 一 年 一 一 月 一 一 号
nián　yuè　hào

Categoría: nombre de tiempo, sustantivos

Uso: se emplean para decir las fechas en chino. Para decir la fecha en chino se usa un orden diferente al español, se posiciona antes el año, luego el mes y finalmente el día (2010 年 10 月 5 号/5 de octubre de 2010), justamente al contrario que en español. De nuevo nos encontramos con oraciones con predicados nominales (las primeras tres del siguiente grupo de ejemplos), es decir, oraciones dónde no se coloca un verbo, puesto que colocar sujeto y objeto uno al lado del otro es suficiente. Por otro lado, en las últimas dos oraciones vemos empleada la fecha como indicación de tiempo, es decir, indica cuándo ocurre la acción del verbo. En este caso se suele colocar entre sujeto y verbo (sujeto+tiempo+verbo+objeto).

Ejemplos:

1. 2002 年 四 月 三 十 号。　30 de abril de 2002.

2. 明 天 七 月 八 号。　Mañana es el ocho de julio.

3. 今 天 十 一 月 十 八 号。　Hoy es el 18 de noviembre.

4. 我 三 月 八 号 去 中 国。 Yo el ocho de marzo me voy a China

5. 妈 妈 九 月 十 五 号 来 看 我。 Mamá el 15 de septiembre viene a verme.

Ejercicios

3. Escribe las siguientes fechas en chino

    1. 31 de diciembre de 1996.　Trad.:_____

    2. 22 de julio de 2012.　Trad.:_____

    3. 28 de marzo de 1959.　Trad.:_____

    4. 7 de enero de 2009.　Trad.:_____

    5. 25 de abril de 2018.　Trad.:_____

星 期
xīng　qī

Categoría: nombre de tiempo, sustantivo

Uso: se emplean para decir 'semana' o para crear los nombres de los días de la semana si se acompaña de los números del 1 al 6 para los días del lunes al domingo y 天/日 para el domingo. Puede actuar cómo predicado nominal.

Ejemplos:

1. 今 天 星 期 一 。 Hoy es lunes.

2. 明 天 星 期 天 。 Mañana es domingo.

3. 他 星 期 二 下 午 学 习 汉 语 。 Él el martes por la tarde estudia chino.

4. 你 星 期 三 不 工 作 。 Tú el miércoles no trabajas.

Ejercicios

4. Escribe los días de la semana en chino

   1. Lunes   _____

   2. Martes   _____

   3. Miércoles   _____

   4. Jueves   _____

   5. Viernes   _____

   6. Domingo   _____

LA HORA

Para hablar de la hora en este nivel se usan fórmulas muy simples, aunque no son todas las que se pueden usar en chino. En este nivel encontramos las siguientes palabras relacionadas con la hora: 点 (hora), 分 钟 (minutos), 一 刻 钟 (un cuarto de hora), 上 午 (mañana, por la mañana), 下 午 (tarde, por la tarde) y 中 午 (mediodía, al mediodía). Pero antes de saber decir la hora es importante saber cómo se dicen los números en chino:

Unidades	Decenas									
yī 一 Uno	yī shí (一)十	shí yī 十一,	shí èr 十二,	shí sān 十三,	shí sì 十四,	shí wǔ 十五,	shí liù 十六,	shí qī 十七,	shí bā 十八,	shí jiǔ 十九
èr 二 Dos	èr shí 二十 Veinte	èr shí yī 二十一,	èr shí èr 二十二,	èr shí sān 二十三,	èr shí sì 二十四……			èr shí qī 二十七,	èr shí bā 二十八,	èr shí jiǔ 二十九
sān 三 Tres	sān shí 三十 Treinta	sān shí yī 三十一,	sān shí èr 三十二,	sān shí sān 三十三,	sān shí sì 三十四……			sān shí qī 三十七,	sān shí bā 三十八,	sān shí jiǔ 三十九
sì 四 Cuatro	sì shí 四十 Cuarenta	sì shí yī 四十一,	sì shí èr 四十二,	sì shí sān 四十三,	sì shí sì 四十四……			sì shí qī 四十七,	sì shí bā 四十八,	sān shí jiǔ 三十九
wǔ 五 Cinco	wǔ shí 五十 Cincuenta	wǔ shí yī 五十一,	wǔ shí èr 五十二,	wǔ shí sān 五十三,	wǔ shí sì 五十四……			wǔ shí qī 五十七,	wǔ shí bā 五十八,	wǔ shí jiǔ 五十九
liù 六 Seis	liù shí 六十 Sesenta	liù shí yī 六十一,	liù shí èr 六十二,	liù shí sān 六十三,	liù shí sì 六十四……			liù shí qī 六十七,	liù shí bā 六十八,	liù shí jiǔ 六十九
qī 七 Siete	qī shí 七十 Setenta	qī shí yī 七十一,	qī shí èr 七十二,	qī shí sān 七十三,	qī shí sì 七十四……			qī shí qī 七十七,	qī shí bā 七十八,	qī shí jiǔ 七十九
bā 八 Ocho	bā shí 八十 Ochenta	bā shí yī 八十一,	bā shí èr 八十二,	bā shí sān 八十三,	bā shí sì 八十四……			bā shí qī 八十七,	bā shí bā 八十八,	bā shí jiǔ 八十九
jiǔ 九 Nueve	jiǔ shí 九十 Noventa	jiǔ shí yī 九十一,	jiǔ shí èr 九十二,	jiǔ shí sān 九十三,	jiǔ shí sì 九十四……			jiǔ shí qī 九十七,	jiǔ shí bā 九十八,	jiǔ shí jiǔ 九十九
shí 十 Diez										

1. sān diǎn èr shí fēn zhōng
    三点二十分钟。 Tres y veinte minutos.

2. liù diǎn sì shí fēn zhōng
    六点四十分钟。 Seis y cuarenta minutos.

3. bā diǎn shí fēn zhōng
    八点十分钟。 Ocho y diez minutos.

4. wǔ diǎn sān shí fēn zhōng
    五点三十分钟。 Cinco y treinta minutos.

5. shàng wǔ wǔ diǎn
    上午五点。 Las cinco de la mañana.

Para pedir la hora se usa la siguiente pregunta: xiàn zài jǐ diǎn 现在几点？ ¿Qué hora es ahora? También se puede pedir la hora de una acción específica usando shén me shí hòu 什么时候:

1. 现在几点？现在下午四点。¿Qué hora es ahora? Son las cuatro de la tarde.

2. 你什么时候来？ ¿Cuándo vienes?

3. 我们几点吃饭？ ¿A qué hora comemos?

4. 老师什么时候回家？ ¿El profesor/la profesora a qué hora vuelve a casa?

Ejercicios

5. Escribe la hora en chino

1. Siete y cuarto de la mañana. _____

2. Nueve y cincuenta de la tarde. _____

3. Cuatro y veinticinco de la de la tarde. _____

4. Diez y cuarenta. _____

6. Contesta a las siguientes preguntas en chino según tu situación

1. 你几点吃饭？ _____

2. 你几点睡觉？ _____

3. 你几点看电视？ _____

4. 你几点回家？ _____

LOS AÑOS DE EDAD

Para hablar de la edad en chino se usa una palabra que exclusivamente se refiere a 'años de edad': 岁. Mientras que en español tenemos que usar un verbo, por ejemplo 'tener' o 'cumplir' en chino es suficiente añadir el número a 岁. Estos se conocen como predicados nominales, es decir, son nombres que tienen función de predicado.

1. 我二十岁。 Yo tengo 20 años.

2. 老师三十五岁。 El profesor/la profesora tiene 35 años.

3. 爸爸四十岁。 Papá tiene 40 años.

4. 妈妈三十六岁。 Mamá tiene 36 años.

Para preguntar por la edad se usan estas dos preguntas:

5. 你/他/她 多大?   ¿Cuántos años tienes tú/tiene él/ella?

6. 你今年几岁?   ¿Cuántos años tienes/cumples este año?

Ejercicios

7. Contesta a las siguientes preguntas según tu situación actual

1. 你几岁? _____

2. 你的妈妈多大? _____

3. 你的爸爸几岁? _____

4. 你的汉语老师今年几岁? _____

ADVERBIOS

不

Categoría: adverbio, negación.

Uso: se emplea para negar el predicado de una oración, es una de las negaciones que existen en chino. Por lo general, en este nivel, se usa para acciones presentes o acciones habituales.

Ejemplos:

1. 他不吃水果。   Él no come fruta.

2. 爸爸不喝茶。   Papá no toma té.

3. 老师不是中国人。   El profesor/la profesora no es chino/a.

4. 我不在中国。   Yo no estoy en China.

5. 他不学习。   Él no estudia.

Ejercicios

8. Escribe estas oraciones en chino

1. Él no toma el avión.   Trad.:_____

2. Ellos no van al cine.   Trad.:_____

3. Papá no sabe conducir.   Trad.:_____

4. Yo no escribo caracteres chinos.   Trad.:_____

5. El doctor Wang no está en el hospital.   Trad.:_____

dōu
都

Categoría: adverbio.

Uso: se emplea para expresar 'todo', 'toda', 'todos' y 'todas'. Se coloca justo antes del predicado principal, puesto que esa es la posición de los adverbios en una oración en chino moderno.

Ejemplos:

1. 我们都是中国人。   Nosotros somos todos chinos.
   <small>wǒ men dōu shì zhōng guó rén</small>

2. 他们都喜欢汉语。   A todos ellos les gusta el chino.
   <small>tā men dōu xǐ huān hàn yǔ</small>

3. 我们都在中国。   Estamos todos en China.
   <small>wǒ men dōu zài zhōng guó</small>

4. 她们都学习汉语。   Todas ellas estudian chino.
   <small>tā men dōu xué xí hàn yǔ</small>

5. 你们都是老师。   Todos/as vosotros/as sois profesores/as.
   <small>nǐ men dōu shì lǎo shī</small>

Ejercicios

9. Ordena las siguientes palabras prestando especial atención a los adverbios 都 y 不. Luego tradúcelas al español.

1. 他们 / 是 / 学生 / 都   _____
   <small>tā men shì xué shēng dōu</small>

2. 老师 / 都 / 我们 / 不 / 是   _____
   <small>lǎo shī dōu wǒ men bù shì</small>

3. 学生 / 不 / 学习 / 都   _____
   <small>xué shēng bù xué xí dōu</small>

4. 朋友 / 他们 / 都 / 是   _____
   <small>péng yǒu tā men dōu shì</small>

5. 我们 / 喜欢 / 都 / 学习   _____
   <small>wǒ men xǐ huān dōu xué xí</small>

méi
没

Categoría: adverbio, negación.

Uso: se emplea para negar el predicado de una oración, es una de las negaciones que existen en chino. Por lo general, en este nivel, se usa para acciones pasadas y el junto al verbo 有. No se puede usar 不 para negar el verbo 有.

Ejemplos:

1. 我没有书。   Yo no tengo libros.
   <small>wǒ méi yǒu shū</small>

2. 他们没有水果。   Ellos no tienen fruta.
   <small>tā men méi yǒu shuǐ guǒ</small>

3. 这 里 没 有 人。 zhè lǐ méi yǒu rén   Aquí no hay personas.

4. 桌子 上 没 有 杯 子。 zhuō zi shàng méi yǒu bēi zi   Encima de la mesa no hay tazas/vasos.

5. 椅子 上 没 有 猫。 yǐ zi shàng méi yǒu māo   Encima de la silla no hay gatos.

Ejercicios

10. Usa 不 o 没 para completar las siguientes frases y luego tradúcelas al español.

1. 这 里＿＿＿＿＿有 椅 子。 zhè lǐ yǒu yǐ zi   Trad.:＿＿＿＿＿＿＿＿＿＿＿＿＿

2. 我＿＿＿＿＿在 家。 wǒ zài jiā   Trad.:＿＿＿＿＿＿＿＿＿＿＿＿＿

3. 老 师＿＿＿＿去 电 影 院。 lǎo shī qù diàn yǐng yuàn   Trad.:＿＿＿＿＿＿＿＿＿＿＿＿＿

4. 爸 爸＿＿＿＿有 茶 杯。 bà bà yǒu chá bēi   Trad.:＿＿＿＿＿＿＿＿＿＿＿＿＿

5. 衣 服＿＿＿＿漂 亮。 yī fú piāo liàng   Trad.:＿＿＿＿＿＿＿＿＿＿＿＿＿

6. 王 医 生＿＿＿＿会 开 车。 wáng yī shēng huì kāi chē   Trad.:＿＿＿＿＿＿＿＿＿＿＿＿＿

太 tài

Categoría: adverbio, modificador adjetival

Uso: se emplea para intensificar la acción del predicado de una frase, es uno de los modificadores adjetivales que existen en chino. Como casi todos los modificadores adjetivales se puede usar con adjetivos o verbos psicológicos, es decir, verbos que indican acciones psicológicas (pensar, querer, desear, amar, etc.). Esta palabra quiere decir 'demasiado' y en muchas ocasiones se usa de la siguiente manera: 太 …… 了.

Ejemplos:

1. 今 天 太 热 了。 jīn tiān tài rè le   Hoy hace demasiado calor.

2. 你 太 好 了。 nǐ tài hǎo le   Tú eres demasiado bueno/a.

3. 这 里 太 冷 了。 zhè lǐ tài lěng le   Aquí hace demasiado frío.

4. 茶 太 多 了。 chá tài duō le   El té es demasiado.

5. 水 果 太 少 了。 shuǐ guǒ tài shǎo le   La fruta es demasiado poca.

Preposiciones

^{hé}
和

Categoría: preposición, conjunción.

Uso: Esta palabra quiere decir 'y' o 'con'. Se emplea para unir sustantivos y verbos, pero no se puede emplear para unir dos predicados, es decir, para unir oraciones. También puede emplearse para introducir el complemento de compañía, es decir, con quién realiza la acción el sujeto de la oración.

Ejemplos:

1. ^{wǒ}我 ^{hé}和 ^{mā}妈 ^{mā}妈 ^{chī}吃 ^{fàn}饭。 Mamá y yo comemos (juntas).

2. ^{wǒ}我 ^{hé}和 ^{bà}爸 ^{bà}爸 ^{qù}去 ^{zhōng}中 ^{guó}国。 Papá y yo vamos a China (juntos).

3. ^{zhuō}桌 ^{zi}子 ^{shàng}上 ^{yǒu}有 ^{shū}书 ^{hé}和 ^{bēi}杯 ^{zi}子。 Encima de la mesa hay libros y tazas.

4. ^{yǐ}椅 ^{zi}子 ^{shàng}上 ^{yǒu}有 ^{diàn}电 ^{nǎo}脑 ^{hé}和 ^{shū}书。 Encima de la silla hay un ordenador y libros.

5. ^{wǒ}我 ^{xǐ}喜 ^{huān}欢 ^{hē}喝 ^{kā}咖 ^{fēi}啡 ^{hé}和 ^{chá}茶。 A mí me gusta tomar café y té.

^{zài}
在

Categoría: preposición.

Uso: Esta palabra quiere decir 'en' o también puede ser el verbo 'estar'. Se puede fácilmente observar la diferencia de esta manera: si en la oración existe otro verbo, esta palabra es probablemente una preposición.

Cuando es verbo: se suele usar para decir: "estar en.../encontrarse en...", por lo general se encuentra junto a un lugar.

Cuando es preposición: se emplea para decir: "en...", por lo general se encuentra junto a un lugar y expresa dónde ocurre la acción indicada por el verbo de la oración. En este caso se encuentra entre sujeto y predicado dentro de una oración en chino.

Ejemplos:

1. ^{zài}在 ^{shāng}商 ^{diàn}店 ^{yǒu}有 ^{rén}人。 En la tienda hay gente. (Preposición)

2. ^{nǐ}你 ^{zài}在 ^{nǎ}哪 ^{ér}儿 ^{xué}学 ^{xí}习? ¿Tú dónde estudias? (Preposición)

3. ^{wǒ}我 ^{zài}在 ^{běi}北 ^{jīng}京 ^{dà}大 ^{xué}学 ^{xué}学 ^{xí}习. Yo estudio en la Universidad de Pekín.

4. 他 在 家 工 作。　　　Él trabaja en casa.
tā zài jiā gōng zuò

5. 书 在 桌 子 上。　　　El libro está encima de la mesa.
shū zài zhuō zi shàng

Partículas exclamativas

喂
wèi

Categoría: palabra vacía, partícula gramatical funcional exclamativa.

Uso: Esta palabra se emplea para llamar la atención de alguien, por ejemplo por la calle, en una tienda, etc. Podría traducirse como '¡Oye!' o '¡Oiga!'; también se usa para contestar al teléfono, en este caso sería 'diga'.

Ejemplos:

1. 喂！ 王 老 师 在 吗？　　　¡Oye! ¿Está el profesor/la profesora Wang?

2. 喂！ 这 是 谁？　　　Diga, ¿con quién hablo?

3. 喂！ 老 师 在 哪 儿？　　　¡Oye! ¿Dónde está el profesor/la profesora?

4. 喂！ 这 本 书 多 少 钱？　　　¡Oiga! ¿Cuánto vale este libro?

5. 喂！ 你 在 哪 儿？　　　¡Oye! ¿Dónde estás?

Saludos, despedidas y otras frases que se pueden usar en una conversación

Para saludar cuando se llega a un cierto lugar en chino se puede decir:

你 好！　　　¡Hola!
nǐ hǎo

大 家 好！　　　¡Hola a todos y todas!
dà jiā hǎo

老 师 好！　　　¡Hola profesor/a!
lǎo shī hǎo

同 学 们 好！　　　¡Hola estudiantes!
tóng xué men hǎo

早 安！ 早 上 好！ 你 早！　　　¡Buenos días!
zǎo ān　zǎo shàng hǎo　nǐ zǎo

下 午 好！　　　¡Buenas tardes!
xià wǔ hǎo

Preguntas parecidas a ¿qué tal? son:

你 怎 么 样？　　　¿Cómo estás?
nǐ zěn me yàng

你 好 吗？　　　¿Estás bien?
nǐ hǎo ma

你最近怎么样？　¿Qué tal los últimos días?

你都好吗？　¿Todo bien?

工作忙不忙？　¿Qué tal en el trabajo?

你身体好吗？　¿Qué tal estás (de salud)?

Para despedirse se puede decir:

再见！　¡Adiós!

我走了！　¡Me marcho!

一会儿见！　¡Nos vemos en un rato!

星期六见！　¡Nos vemos el sábado!

Para dar las gracias podemos decir: 谢谢！ 感谢！ 真谢谢你！ 谢谢你！ y contestamos con: 不客气！ 不用谢！ 不谢！

6. EJERCICIOS DE REVISIÓN GENERAL

6.1. *Indica cuál es la pregunta para cada respuesta*

1. 你在中国工作吗？

2. 哪个是你的杯子？

3. 我们什么时候回家？

4. 你和谁打电话？

5. 你的家怎么样？

A.	这个。
B.	五点。
C.	不是。
D.	有点儿小。
E.	王医生。

1. 你在哪儿工作？

2. 那里人多不多？

3. 你买了几本书？

4. 你会说汉语吗？

5. 你想喝茶吗？

A.	想。
B.	三本。
C.	会一点儿。
D.	在北京。
E.	很多。

1. 北京大不大？   A.   喜欢。

2. 你喜欢买东西吗？   B.   在桌子下。

3. 狗在哪儿？   C.   不热。

4. 现在几点？   D.   六点。

5. 水热吗？   E.   很大。

---

1. 你喝什么？   A.   在家。

2. 你会写汉字吗？   B.   下午。

3. 你在哪儿吃饭？   C.   不会。

4. 她什么时候去医院？   D.   不大。

5. 学校大不大？   E.   水。

---

1. 你喜欢读书吗？   A.   很冷。

2. 他什么时候回来？   B.   我朋友。

3. 昨天的人是谁？   C.   明天。

4. 他想吃什么？   D.   喜欢。

5. 天气冷不冷？   E.   水果。

6.2. *Selecciona el carácter correcto según el pinyin indicado*

A. 些   B. 雨   C. 星期   D. 打   E. 菜

1. 我很喜欢中国 cài _____。

2. 现在不下 yǔ_____。

3. 他 xīngqī _____ 三去北京。

4. 这里有一 xiē_____ 人。

5. 爸爸和谁 dǎ_____ 电话。

F. 爱　　G. 茶　　H. 电脑　　I. 饭店　　J. 开

6. 李老师想喝 chá＿＿＿＿＿＿＿＿＿＿＿＿＿＿。

7. 爸爸不会 kāi＿＿＿＿＿＿＿＿＿＿＿＿车。

8. 我想去 fàndiàn＿＿＿＿＿＿＿＿＿吃饭。

9. 这是我的 diànnǎo＿＿＿＿＿＿＿＿＿＿＿。

10. 我 ài＿＿＿＿＿＿＿＿＿＿＿＿＿看书。

K. 杯子　　L. 家　　M. 今天　　N. 后面　　O. 车

11. 那不是李老师的 bēizi＿＿＿＿＿＿＿＿＿。

12. 爸爸不喜欢打 chē＿＿＿＿＿＿＿回来。

13. 她们怎么回 jiā＿＿＿＿＿＿＿＿＿＿。

14. 猫在椅子 hòumiàn＿＿＿＿＿＿＿＿＿。

15. 我 jīntiān＿＿＿＿＿＿＿去北京大学。

P. 高兴　　Q. 漂亮　　R. 电视　　S. 苹果　　T. 电脑

16. 爸爸喜欢看 diànshì＿＿＿＿＿＿＿＿。

17. 你的衣服很 piàoliang＿＿＿＿＿＿＿。

18. 她们吃了 píngguǒ＿＿＿＿＿＿＿＿＿。

19. 妈妈的 diànnǎo＿＿＿＿＿＿＿很好。

20. 我很 gāoxìng＿＿＿＿＿＿＿＿＿＿。

U. 会　　V. 都　　W. 点　　X. 块　　Y. 喝

21. 我们 dōu＿＿＿＿＿＿＿＿＿是老师。

22. 爸爸不 huì＿＿＿＿＿＿＿＿说汉语。

23. 现在三 diǎn＿＿＿＿＿＿＿＿＿＿。

24. 这本书三 kuài＿＿＿＿＿＿钱。

25. 李老师不想 hē＿＿＿＿＿＿＿＿茶。

6.3. *Ordena las siguientes palabras para crear frases correctas*

1. 想 / 我 / 水果 / 一 些 / 买：＿＿＿＿＿＿＿＿＿＿＿＿＿＿＿＿。
2. 想 / 买书 / 他们 / 去 / 书店：＿＿＿＿＿＿＿＿＿＿＿＿＿＿。
3. 我们 / 的时候 / 看你 / 在北京 / 去＿＿＿＿＿＿＿＿＿＿＿＿＿。
4. 想 / 茶 / 李老师 / 喝：＿＿＿＿＿＿＿＿＿＿＿＿＿＿＿＿＿。
5. 家 / 他 / 在 / 工作：＿＿＿＿＿＿＿＿＿＿＿＿＿＿＿＿＿＿。
6. 喝 / 爸爸 / 想 / 水：＿＿＿＿＿＿＿＿＿＿＿＿＿＿＿＿＿＿。
7. 一些 / 有 / 这里 / 老师：＿＿＿＿＿＿＿＿＿＿＿＿＿＿＿＿。
8. 你 / 吗 / 电影 / 看 / 了：＿＿＿＿＿＿＿＿＿＿＿＿＿＿＿＿。
9. 我 / 了 / 上午 / 在家 / 茶 / 喝：＿＿＿＿＿＿＿＿＿＿＿＿＿。
10. 水果 / 了 / 少 / 太：＿＿＿＿＿＿＿＿＿＿＿＿＿＿＿＿＿＿。
11. 八月 / 明天 / 三号：＿＿＿＿＿＿＿＿＿＿＿＿＿＿＿＿＿＿。
12. 都 / 学习 / 她们 / 汉语：＿＿＿＿＿＿＿＿＿＿＿＿＿＿＿＿。
13. 星期一 / 去 / 他 / 前 / 中国：＿＿＿＿＿＿＿＿＿＿＿＿＿＿。

6.4. *Traducción: traduce las siguientes oraciones al chino*

1. Ella trabaja en la universidad. ＿＿＿＿＿＿＿＿＿＿＿＿＿＿＿＿

2. El profesor Li quiere tomar café. ＿＿＿＿＿＿＿＿＿＿＿＿＿＿＿

3. Todas ellas estudian chino e inglés. ＿＿＿＿＿＿＿＿＿＿＿＿＿

4. Pienso volver a casa antes del lunes. ＿＿＿＿＿＿＿＿＿＿＿＿

5. Aquí hay algunos libros. ＿＿＿＿＿＿＿＿＿＿＿＿＿＿＿＿＿＿

6. El ordenador de mi madre es muy malo. ＿＿＿＿＿＿＿＿＿＿＿

7. Me gusta mucho este libro. ＿＿＿＿＿＿＿＿＿＿＿＿＿＿＿＿＿

8. ¿Cuánto valen estas manzanas? ＿＿＿＿＿＿＿＿＿＿＿＿＿＿＿

9. Todas ellas son profesoras de chino. ＿＿＿＿＿＿＿＿＿＿＿＿

10. El profesor sabe hablar un poco de chino. ＿＿＿＿＿＿＿＿＿

11. El gato está encima de la mesa. _____

12. Ellos trabajan en la librería. _____

13. Ella sabe escribir caracteres chinos. _____

14. El perro está debajo de la silla. _____

15. Ella ahora sabe conducir. _____

16. Esta taza es un poco pequeña. _____

17. Ella sabe hablar chino. _____

18. Esta palabra la ha escrito mi hija. _____

19. ¿Adónde vas esta tarde? _____

20. Quiero comprar un poco de fruta._____

21. ¿Sabes hablar chino? _____

22. La comida está lista. _____

23. No te vi. _____

24. ¿Quién sabe conducir? _____

25. Antes de volver a casa, él quiere ir a un restaurante a comer._____

26. Ayer no llovió. _____

27. Hoy es miércoles. _____

28. Yo el jueves trabajo en la universidad de Pekín. _____

29. Tu taza es muy grande. _____

30. Aquí hay mucha gente. _____

31. El té está demasiado caliente. _____

32. Tus estudiantes estudian chino. _____

33. A ellos les gusta comer fruta. _____

34. Ayer ella no comió. _____

35. Todos los profesores volvieron a casa._____

36. Quiero volver. _____

37. Mi mamá es muy guapa. _____

38. La profesora habla chino. _____

39. Papá quiere volver a casa. _____

40. ¿Viste la película? _____

41. Papá fue al cine ayer. _____

42. Mamá compró ropa. _____

43. El profesor Wang está ahora en China. _____

44. ¿Cuándo vuelves a Pekín? _____

45. ¿Aquí se puede cocinar? _____

46. En mi casa no se puede hablar chino. _____

47. Aquí no hay libros de chino. _____

48. Ella no sabe hablar chino. _____

49. Ella quiere ir a China a estudiar. _____

50. Ella habla un poco de chino. _____

51. Yo trabajo a las ocho. _____

52. Nos volvemos a casa a las cinco y media. _____

53. Aquí hace demasiado frío. _____

54. Ellas comen a las doce y media. _____

55. Yo no tomo té, ¿y tú? _____

56. A ellas nos les gusta tomar café y té. _____

57. Mamá y papá trabajan en la universidad. _____

58. A todas nosotras nos gusta tomar té. _____

6.5. *Lee los siguientes textos y contesta a las preguntas correspondientes*

Texto 1

他叫小月。他是中国人。他是学生。他在北京大学学习汉语。他每天早上喝茶。

问题一：他叫什么名字？ _____。

问题二：他是哪国人？ _____。

问题三：他是老师吗？ _____。

问题四：他学习什么？ _____。

问题五：他在哪儿学习？ _____。

问题六：他每天早上做什么？ _____。

Texto 2

他叫王力。他是中国人。他不是学生，他是老师。他在北京大学工作。他每天早上都喝咖啡。

问题一：他叫什么名字？ _____。

问题二：他是哪国人？ _____。

问题三：他是老师吗？ _____。

问题四：他在哪儿工作？ _____。

问题五：他每天早上做什么？ _____。

6.6. *Escribe las preguntas para estas respuestas*

1. 我想去中国学习。 → → 你想去哪里学习？

2. 星期六我很喜欢在家读书。 → → _____？

3. 我在大学工作。 → → _____？

4. 妈妈买了三本书。 → → _____？

5. 我的书很少。 → → _____？

6. 北京很大。 → → _____？

7. 他喜欢喝茶。 → → _____？

8. 这个是我的杯子。 → → _____？

9. 爸爸和我吃饭。 → → _____？

10. 小月喝了水。 → → _____？

11. 椅子上有电脑和书。 → → _____?
yǐ zi shàng yǒu diàn nǎo hé shū

12. 这里没有人。 → → _____?
zhè lǐ méi yǒu rén

13. 我们想去书店买书。 → → _____?
wǒ men xiǎng qù shū diàn mǎi shū

14. 这个字是老师写的。 → → _____?
zhè gè zì shì lǎo shī xiě de

15. 他喜欢看书。 → → _____?
tā xǐ huān kàn shū

16. 我明天回家。 → → _____?
wǒ míng tiān huí jiā

17. 我喜欢这个杯子。 → → _____?
wǒ xǐ huān zhè gè bēi zi

18. 小王今天回来。 → → _____?
xiǎo wáng jīn tiān huí lái

19. 这是我的。 → → _____?
zhè shì wǒ de

20. 商店在大学后面。 → → _____?
shāng diàn zài dà xué hòu miàn

21. 妈妈喝水。 → → _____?
mā mā hē shuǐ

22. 书店里有五个人。 → → _____?
shū diàn lǐ yǒu wǔ gè rén

23. 这个图书馆很好。 → → _____?
zhè gè tú shū guǎn hěn hǎo

24. 那些书很好。 → → _____?
nà xiē shū hěn hǎo

25. 我们明天去中国。 → → _____?
wǒ men míng tiān qù zhōng guó

26. 现在三点。 → → _____?
xiàn zài sān diǎn

6.7. *Contesta a estas preguntas según tu experiencia*

1. 你叫什么名字？ _____
nǐ jiào shén me míng zi

2. 你几岁？ _____
nǐ jǐ suì

3. 你学习什么？ _____
nǐ xué xí shén me

4. 你在哪儿学习？ _____
nǐ zài nǎ ér xué xí

5. 你喜欢吃什么？ _____
nǐ xǐ huān chī shén me

6. 你喜欢喝什么？ _____
nǐ xǐ huān hē shén me

7. 你妈妈喜欢喝什么？ _____
nǐ mā mā xǐ huān hē shén me

8. 你喜欢看什么书？ _____
nǐ xǐ huān kàn shén me shū

9. 你学校有几个学生? _____

10. 你几点回家? _____

11. 你喜欢哪一个饭店? _____

12. 你想去中国吗? _____

13. 你想去中国做什么? _____

14. 你爸爸在哪儿工作? _____

15. 你妈妈在哪儿工作? _____

6.8. *Completa las siguientes oraciones con el pronombre interrogativo correcto y luego tradúcelas al español*

1. 学校有......学生? _____

2. 我们......点回家? _____

3. ......个饭店很好? _____

4. 你想吃......? _____

5. 你在......? _____

6. ......去中国学习? _____

7. 王老师有......书? _____

8. 那里有......个人? _____

9. 她想买......个? _____

10. 爸爸去......? _____

11. 妈妈在......工作? _____

12. 她会......汉字? _____

13. 小姐在......学习? _____

14. 我们吃......个? _____

15. 这是......书? _____

16. 学校里有......老师? _____

17. ......本书是你的? _____

18. ......是我们的汉语老师？ _____

19. ......个人不会开车？ _____

20. 北京有......个大书店？ _____

21. 小月说......？ _____

22. 现在......点？ _____

23. 王老师喝......？ _____

24. 你喜欢......个？ _____

25. 这是......的？ _____

26. 那是......的书？ _____

27. ......会汉语？ _____

28. 那是......？ _____

7. DICCIONARIO DEL LÉXICO QUE SE ENCUENTRA EN ESTE MATERIAL

hàn zì 汉字	zhǒng lèi 种类	xī bān yá yǔ 西班牙语	lì zi 例子
ài 爱	verbo	amar, gustar, encantar	wǒ ài xué hàn yǔ 我爱学汉语。Me encanta estudiar chino.
bā 八	número	ocho	wǒ men bā diǎn gōng zuò 我们八点工作。Nosotros trabajamos a las ocho.
bà bà 爸爸	sustantivo	papá	wǒ bà bà zài běi jīng gōng zuò 我爸爸在北京工作。Mi papá trabaja en Pekín.
bēi zi 杯子	sustantivo	taza, vaso	zhè shì shéi de bēi zi 这是谁的杯子？¿De quién es esta taza?
běi jīng 北京	sustantivo	Pekín	wǒ xiǎng qù běi jīng xué xí 我想去北京学习。Quiero ir a Pekín a estudiar.
běn 本	clasificador para cosas con hojas, documentos encuadernados		mā mā mǎi le yī běn shū 妈妈买了一本书。Mamá compró un libro.
bù 不	adverbio de negación	no	wǒ bù xué hàn yǔ 我不学汉语。Yo no estudio chino.
bu kè qi 不客气	Ø	de nada	A: xiè xiè 谢谢！B: bù kè qì 不客气。A: ¡Gracias! B: De nada.
bù shàng bù xià 不上不下	dicho	mediocre	tā zhè gè rén bù shàng bù xià 他这个人不上不下。Es una persona mediocre.
bù xìng 不幸	adjetivo	desafortunado	zhè shì bù xìng de 这是不幸的。Esta es mala suerte.
cài 菜	sustantivo	verdura, plato de comida, ración	wǒ xiǎng qù mǎi cài 我想去买菜。Tengo pensado ir a comprar comida / verdura.
chá 茶	sustantivo	té	mā mā xǐ huān hē chá 妈妈喜欢喝茶。A mamá le gusta tomar té.

chē 车	sustantivo	coche	nǐ de chē hěn hǎo。 你 的 车 很 好。 Tu coche es muy bueno.
chī 吃	verbo	comer	wǒ men jīn tiān chī mǐ fàn ma 我 们 今 天 吃 米 饭 吗？¿Hoy comemos arroz?
chū zū chē 出 租 车	sustantivo	taxi	wǒ zuò chū zū chē huí jiā 我 坐 出 租 车 回 家。Vuelvo a casa en taxi.
dǎ diàn huà 打 电 话	verbo+objeto	llamar por teléfono	yǒu rén dǎ diàn huà 有 人 打 电 话。Alguien está llamando por teléfono.
dà 大	adjetivo	grande	běi jīng dà xué hěn dà 北 京 大 学 很 大。La Universidad de Pekín es muy grande.
de 的	palabra vacía	Ø	wǒ de diàn nǎo zài zhè lǐ 我 的 电 脑 在 这 里。Mi ordenador está aquí.
diǎn 点	clasificador para la hora		xiàn zài jǐ diǎn 现 在 几 点？¿Qué hora es ahora?
diàn nǎo 电 脑	sustantivo	ordenador	wǒ de diàn nǎo zài nǎ ér 我 的 电 脑 在 哪 儿？¿Dónde está mi ordenador?
diàn shì 电 视	sustantivo	televisión	zuó tiān wǒ kàn le diàn shì 昨 天 我 看 了 电 视。Ayer vi la televisión.
diàn yǐng 电 影	sustantivo	película	tā kàn le diàn yǐng 她 看 了 电 影。Ella vio la película.
diàn yǐng yuàn 电 影 院	sustantivo	cine	xiǎo yuè qù le diàn yǐng yuàn 小 月 去 了 电 影 院。Xiaoyue se fue al cine.
dōng xi 东 西	sustantivo	cosas	wǒ xiǎng qù mǎi dōng xi 我 想 去 买 东 西。Quiero ir a comprar.
dōu 都	adverbio	todo, toda, todos, todas	wǒ men dōu shì lǎo shī 我 们 都 是 老 师。Somos todos profesores.
dú 读	verbo	leer	mā mā hěn xǐ huān dú shū 妈 妈 很 喜 欢 读 书。A mamá le gusta mucho leer.

dú 读	verbo	leer	bà bà qù tú shū guǎn dú 爸 爸 去 图 书 馆 读 shū 书。Papá va a la biblioteca a leer.
duì bù qǐ 对 不 起	verbo	lo siento	duì bù qǐ， wǒ méi yǒu 对 不 起，我 没 有。Lo siento, no lo tengo.
duō 多	adjetivo, pronombre interrogativo	mucho, cuánto, tan	xiàn zài rén hěn duō 现 在 人 很 多。Ahora hay mucha gente.
duō shǎo 多 少	pronombre interrogativo	cuánto	nǐ yǒu duō shǎo hàn yǔ 你 有 多 少 汉 语 shū 书？¿Cuántos libros de chino tienes?
ér zi 儿 子	sustantivo	hijo	tā yǒu ér zi ma 他 有 儿 子 吗？¿Él tiene hijos?
èr 二	número	dos	wǒ shí yuè èr hào qù zhōng 我 十 月 二 号 去 中 guó 国。Yo me voy a China el dos de octubre.
fàn diàn 饭 店	sustantivo	restaurante	nà gè fàn diàn hěn hǎo 那 个 饭 店 很 好。Aquel restaurante es muy bueno.
fēi jī 飞 机	sustantivo	avión	bà bà zuò fēi jī huí zhōng 爸 爸 坐 飞 机 回 中 guó 国。Papá vuelve a China en avión.
fēn zhōng 分 钟	clasificador	minuto	wǔ fēn zhōng bù duō 五 分 钟 不 多。Cinco minutos no es mucho (tiempo).
gǎn 感	sustantivo, verbo	sentir, sensación	wǒ gǎn dào kuài lè 我 感 到 快 乐。Me siento feliz / estoy contento/a.
gāo xìng 高 兴	adjetivo	contento, contenta	lǎo shī hěn gāo xìng 老 师 很 高 兴。El profesor/ la profesora está muy contento/contenta.
gè 个	clasificador para personas		zhè lǐ yǒu wǔ gè rén 这 里 有 五 个 人。Aquí hay 5 personas.

Palabra	Categoría	Significado	Ejemplo
gōng zuò 工作	sustantivo, verbo	trabajo, trabajar	nǐ zài nǎ ér gōng zuò？¿Dónde trabajas? 你在哪儿工作？
gǒu 狗	sustantivo	perro	wǒ xǐ huān gǒu 我喜欢狗。Me gustan los perros.
hàn yǔ 汉语	sustantivo	Chino, lengua china	tā huì shuō hàn yǔ 他会说汉语。Él habla chino.
hàn zì 汉字	sustantivo	Caracteres chinos	nǐ de hàn zì hěn piāo liàng 你的汉字很漂亮。Tu caracteres chinos son muy bonitos.
hǎo 好	adjetivo	bien, bueno	zhè gè bēi zi hěn piāo liàng 这个杯子很漂亮。Esta taza es muy bonita.
hào 号	clasificador para día del mes o para decir "el número…"		jīn tiān jǐ yuè jǐ hào 今天几月几号？¿Qué fecha es hoy?
hē 喝	verbo	beber, tomar	wǒ xiǎng hē chá 我想喝茶。Quiero tomar té.
hé 禾	radical, sustantivo	planta	No suele ser muy común ver este carácter usado solo, suele ser parte de palabras plurisilábicas como: hé miáo 禾苗 plántula.
hé 和	conjunción, preposición	y, con	nǐ hé wǒ shì péng yǒu 你和我是朋友。Tú y yo somos amigos/amigas.
hěn 很	adverbio intensificador	muy, mucho	jīn tiān hěn rè 今天很热。Hoy hace mucho frío.
hóng 红	adjetivo, verbo	rojo, ponerse rojo, enrojecer	wǒ xǐ huān nà gè hóng de bēi zi 我喜欢那个红的杯子。Me gusta esa taza de color rojo.
hòu miàn 后面	sustantivo	detrás de	dà xué hòu miàn yǒu yī gè zhōng guó fàn diàn 大学后面有一个中国饭店。Detrás de la universidad hay un restaurante chino.

huā 花	sustantivo	flor	huā zài zhuō zi shàng。 Las flores están encima de la mesa. 花在桌子上。
huí 回	verbo	volver	wǒ xiǎng huí jiā。 Quiero volver a casa. 我想回家。
huì 会	verbo	saber, ser capaz de	shéi huì kāi chē？ ¿Quién sabe conducir? 谁会开车？
jī chǎng 机 场	sustantivo	aeropuerto	wǒ qù jī chǎng péi nǐ。 Voy al aeropuerto a hacerte compañía. 我去机场陪你。
jǐ 几	pronombre interrogativo	cuántos	zhè lǐ yǒu jǐ gè rén？ ¿Cuántas personas hay aquí? 这里有几个人？
jiā 家	sustantivo	casa, familia	jiā lǐ yǒu rén ma？ ¿Hay alguien en casa? 家里有人吗？
jiào 叫	verbo	llamar, llamarse	tā jiào shén me míng zì？ ¿Cómo se llama? 他叫什么名字？
jīn tiān 今 天	sustantivo	hoy	jīn tiān tiān qì hěn hǎo。 Hoy hace muy buen tiempo. 今天天气很好。
jìn 进	verbo	entrar	wǒ men néng jìn qù ma？ ¿Podemos entrar? 我们能进去吗？
jìn 劲	sustantivo	fuerza, interés, diversión	nà gè diàn yǐng méi jìn。 Esa película es muy aburrida. 那个电影没劲。
jiǔ 九	número	nueve	wǒ huì xiě jiǔ gè zì。 Yo sé escribir nueve caracteres. 我会写九个字。
kā fēi 咖 啡	sustantivo	café	xiǎo yuè bù xiǎng hē kā fēi。 Xiao Yue no quiere beber café. 小月不想喝咖啡。
kāi 开	verbo	conducir, abrir	nǐ huì bù huì kāi chē？ ¿Sabes conducir? 你会不会开车？

kāi chē 开 车	verbo + objeto	conducir	lǐ lǎo shī bù huì kāi chē 李老师不会开车。 El profesor/la profesora Li no sabe conducir.
kàn 看	verbo	ver, mirar	wǒ qù kàn diàn yǐng 我去看电影。 Voy a ver una película.
kàn jiàn 看 见	verbo+resultativo	ver	duì bù qǐ， wǒ men yǒu kàn jiàn nǐ 对不起，我们有看见你。 Lo siento, no te vi.
kǒu 口	radical, sustantivo	boca, oral	No suele ser muy común ver este carácter usado solo, suele ser parte de palabras plurisilábicas como: 口语 kǒu yǔ lenguaje oral, hablado, 口罩 kǒu zhào mascarilla, 出口 chū kǒu salida, etc.
kuài 块	clasificador para decir "un trozo de..." o para unidad de dinero		zhè běn shū sān kuài wǔ 这本书三块五。 Este libro vale tres con cinco.
lái 来	verbo	venir	tā xiǎng lái wǒ jiā kàn diàn yǐng 她想来我家看电影。 Ella quiere venir a mi casa a ver una película.
lǎo shī 老 师	sustantivo	profesor, profesora	lǎo shī xiǎng hē chá 老师想喝茶。 El profesor/la profesora quiere tomar té.
le 了	palabra vacía	Ø	bà bà mǎi le yī fú 爸爸买了衣服。 Papá compro ropa.
lěng 冷	adjetivo	frío	jīn tiān bù lěng 今天不冷。 Hoy no hace frío.
lǐ 李	nombre propio	Li (apellido)	lǐ lǎo shī zài běi jīng dà xué gōng zuò 李老师在北京大学工作。 El profesor Li/la profesora Li trabaja en la Univerisdad de Pekín.

<ruby>李<rt>lǐ</rt></ruby><ruby>明<rt>míng</rt></ruby>	nombre propio de persona	Li Ming	<ruby>李<rt>lǐ</rt></ruby><ruby>明<rt>míng</rt></ruby><ruby>在<rt>zài</rt></ruby><ruby>哪<rt>nǎ</rt></ruby><ruby>儿<rt>ér</rt></ruby><ruby>学<rt>xué</rt></ruby><ruby>习<rt>xí</rt></ruby>？¿Dónde estudia Li Ming?
<ruby>里<rt>lǐ</rt></ruby>	sustantivo	dentro de (en)	<ruby>家<rt>jiā</rt></ruby><ruby>里<rt>lǐ</rt></ruby><ruby>不<rt>bù</rt></ruby><ruby>冷<rt>lěng</rt></ruby>。En casa no hace frío.
<ruby>力<rt>lì</rt></ruby>	sustantivo	fuerza	<ruby>我<rt>wǒ</rt></ruby><ruby>没<rt>méi</rt></ruby><ruby>有<rt>yǒu</rt></ruby><ruby>力<rt>lì</rt></ruby><ruby>气<rt>qì</rt></ruby>。No tengo fuerzas.
<ruby>林<rt>lín</rt></ruby>	sustantivo	bosque	Normalmente usado como parte integrante de palabras plurisilábicas como: <ruby>森<rt>sēn</rt></ruby><ruby>林<rt>lín</rt></ruby>, <ruby>树<rt>shù</rt></ruby><ruby>林<rt>lín</rt></ruby> bosque.
<ruby>令<rt>lìng</rt></ruby>	verbo	hacer que alguien haga algo, pedirle a alguien que haga algo	<ruby>这<rt>zhè</rt></ruby><ruby>真<rt>zhēn</rt></ruby><ruby>令<rt>lìng</rt></ruby><ruby>人<rt>rén</rt></ruby><ruby>高<rt>gāo</rt></ruby><ruby>兴<rt>xìng</rt></ruby>。Esto hace feliz a la gente.
<ruby>六<rt>liù</rt></ruby>	número	seis	<ruby>我<rt>wǒ</rt></ruby><ruby>星<rt>xīng</rt></ruby><ruby>期<rt>qī</rt></ruby><ruby>六<rt>liù</rt></ruby><ruby>回<rt>huí</rt></ruby><ruby>家<rt>jiā</rt></ruby>。Yo vuelvo a casa el sábado.
<ruby>妈<rt>mā</rt></ruby>	sustantivo (abreviación)	mamá	<ruby>你<rt>nǐ</rt></ruby><ruby>妈<rt>mā</rt></ruby><ruby>在<rt>zài</rt></ruby><ruby>哪<rt>nǎ</rt></ruby><ruby>儿<rt>ér</rt></ruby>？¿Dónde está tu madre?
<ruby>妈<rt>mā</rt></ruby><ruby>妈<rt>mā</rt></ruby>	sustantivo	mamá	<ruby>你<rt>nǐ</rt></ruby><ruby>妈<rt>mā</rt></ruby><ruby>妈<rt>mā</rt></ruby><ruby>在<rt>zài</rt></ruby><ruby>哪<rt>nǎ</rt></ruby><ruby>儿<rt>ér</rt></ruby><ruby>工<rt>gōng</rt></ruby><ruby>作<rt>zuò</rt></ruby>？¿Dónde trabaja tu madre?
<ruby>麻<rt>má</rt></ruby>	sustantivo	cáñamo, lino	<ruby>那<rt>nà</rt></ruby><ruby>是<rt>shì</rt></ruby><ruby>麻<rt>má</rt></ruby><ruby>做<rt>zuò</rt></ruby><ruby>的<rt>de</rt></ruby>。Eso está hecho de lino.
<ruby>马<rt>mǎ</rt></ruby>	sustantivo	caballo	<ruby>那<rt>nà</rt></ruby><ruby>匹<rt>pǐ</rt></ruby><ruby>马<rt>mǎ</rt></ruby><ruby>很<rt>hěn</rt></ruby><ruby>大<rt>dà</rt></ruby>。Ese caballo es muy grande.
<ruby>骂<rt>mà</rt></ruby>	verbo	regañar	<ruby>我<rt>wǒ</rt></ruby><ruby>不<rt>bù</rt></ruby><ruby>想<rt>xiǎng</rt></ruby><ruby>骂<rt>mà</rt></ruby><ruby>他<rt>tā</rt></ruby>。Yo no pienso regañarle.
<ruby>吗<rt>ma</rt></ruby>	palabra vacía	Ø	<ruby>你<rt>nǐ</rt></ruby><ruby>喜<rt>xǐ</rt></ruby><ruby>欢<rt>huān</rt></ruby><ruby>吗<rt>ma</rt></ruby>？¿Te gusta?

<ruby>买<rt>mǎi</rt></ruby>	verbo	comprar	<ruby>他<rt>tā</rt></ruby> <ruby>们<rt>men</rt></ruby> <ruby>买<rt>mǎi</rt></ruby> <ruby>了<rt>le</rt></ruby> <ruby>什<rt>shén</rt></ruby> <ruby>么<rt>me</rt></ruby>? ¿Qué han comprado?
<ruby>猫<rt>māo</rt></ruby>	sustantivo	gato	<ruby>你<rt>nǐ</rt></ruby> <ruby>的<rt>de</rt></ruby> <ruby>猫<rt>māo</rt></ruby> <ruby>叫<rt>jiào</rt></ruby> <ruby>什<rt>shén</rt></ruby> <ruby>么<rt>me</rt></ruby> <ruby>名<rt>míng</rt></ruby> <ruby>字<rt>zì</rt></ruby>? ¿Cómo se llama tu gato?
<ruby>没关系<rt>méi guān xì</rt></ruby>	Ø	no pasa nada	A: <ruby>对<rt>duì</rt></ruby> <ruby>不<rt>bù</rt></ruby> <ruby>起<rt>qǐ</rt></ruby>! B: <ruby>没关系<rt>méi guān xì</rt></ruby>。A: ¡Perdón! B: No pasa nada.
<ruby>没有<rt>méi yǒu</rt></ruby>	adverbio de negación	no	<ruby>她<rt>tā</rt></ruby> <ruby>没<rt>méi</rt></ruby> <ruby>有<rt>yǒu</rt></ruby> <ruby>来<rt>lái</rt></ruby>。Ella no vino.
<ruby>米饭<rt>mǐ fàn</rt></ruby>	sustantivo	arroz	<ruby>今<rt>jīn</rt></ruby> <ruby>天<rt>tiān</rt></ruby> <ruby>不<rt>bù</rt></ruby> <ruby>她<rt>tā</rt></ruby> <ruby>想<rt>xiǎng</rt></ruby> <ruby>吃<rt>chī</rt></ruby> <ruby>米饭<rt>mǐ fàn</rt></ruby>。Ella hoy no tiene ganas de comer arroz.
<ruby>名胜古迹<rt>míng shèng gǔ jì</rt></ruby>	sustantivo	monumentos históricos	<ruby>这<rt>zhè</rt></ruby> <ruby>里<rt>lǐ</rt></ruby> <ruby>有<rt>yǒu</rt></ruby> <ruby>很<rt>hěn</rt></ruby> <ruby>多<rt>duō</rt></ruby> <ruby>名胜古迹<rt>míng shèng gǔ jì</rt></ruby>。Aquí hay muchos monumentos históricos.
<ruby>名字<rt>míng zì</rt></ruby>	sustantivo	nombre	<ruby>那<rt>nà</rt></ruby> <ruby>个<rt>gè</rt></ruby> <ruby>人<rt>rén</rt></ruby> <ruby>叫<rt>jiào</rt></ruby> <ruby>什<rt>shén</rt></ruby> <ruby>么<rt>me</rt></ruby> <ruby>名<rt>míng</rt></ruby> <ruby>字<rt>zì</rt></ruby>? ¿Cómo se llama esa persona?
<ruby>明天<rt>míng tiān</rt></ruby>	sustantivo	mañana	<ruby>明天<rt>míng tiān</rt></ruby> <ruby>去<rt>qù</rt></ruby> <ruby>哪<rt>nǎ</rt></ruby> <ruby>儿<rt>ér</rt></ruby>? ¿Adónde vamos mañana?
<ruby>木<rt>mù</rt></ruby>	sustantivo	madera	<ruby>这<rt>zhè</rt></ruby> <ruby>是<rt>shì</rt></ruby> <ruby>木<rt>mù</rt></ruby> <ruby>头<rt>tóu</rt></ruby> <ruby>的<rt>de</rt></ruby>。Esto es de madera.
<ruby>目<rt>mù</rt></ruby>	radical, sustantivo		No suele ser muy común ver este carácter usado solo, suele ser parte de palabras plurisilábicas como: <ruby>目<rt>mù</rt></ruby> <ruby>前<rt>qián</rt></ruby> antes, <ruby>题<rt>tí</rt></ruby> <ruby>目<rt>mù</rt></ruby> tema, <ruby>项<rt>xiàng</rt></ruby> <ruby>目<rt>mù</rt></ruby> proyecto, etc.
<ruby>哪<rt>nǎ</rt></ruby>	pronombre interrogativo	cuál	<ruby>你<rt>nǐ</rt></ruby> <ruby>喜<rt>xǐ</rt></ruby> <ruby>欢<rt>huān</rt></ruby> <ruby>哪<rt>nǎ</rt></ruby> <ruby>个<rt>gè</rt></ruby> <ruby>杯<rt>bēi</rt></ruby> <ruby>子<rt>zi</rt></ruby>? ¿A ti cuál de estas tazas te gusta?

哪儿 (nǎ ér)	pronombre interrogativo	dónde	他们在哪儿？(tā men zài nǎ ér) ¿Dónde están ellos?
那 (nà)	demostrativo	aquel, aquello, aquella	那个人是我的汉语老师。(nà gè rén shì wǒ de hàn yǔ lǎo shī) Esa persona es mi profesor/a de chino.
那里 (nà lǐ)	pronombre	allí	那里老师不多。(nà lǐ lǎo shī bù duō) Allí hay pocos profesores.
男 (nán)	adjetivo	masculino	那个男老师是王老师。(nà gè nán lǎo shī shì wáng lǎo shī) Ese profesor es el profesor Wang.
呢 (ne)	palabra vacía	Ø	我去电影院。她呢？(wǒ qù diàn yǐng yuàn tā ne) Yo voy al cine. ¿Y ella (dónde va)?
能 (néng)	verbo	poder	他今天不能来。(tā jīn tiān bù néng lái) Él hoy no puede venir.
你 (nǐ)	pronombre	tú	你很漂亮。(nǐ hěn piāo liàng) Tú eres muy bonito/a.
年 (nián)	sustantivo, clasificador	año	2010年10月5号 (nián yuè hào) 5 de octubre de 2010
女 (nǚ)	adjetivo	femenino	那个女老师是王老师。(nà gè nǚ lǎo shī shì wáng lǎo shī) Esa profesora es la profesora Wang.
女儿 (nǚ ér)	sustantivo	hija	我女儿学习汉语。(wǒ nǚ ér xué xí hàn yǔ) Mi hija estudia chino.
陪 (péi)	verbo	acompañar	我陪你去机场。(wǒ péi nǐ qù jī chǎng) Te acompaño/llevo al aeropuerto.
朋友 (péng yǒu)	sustantivo	amigo, amiga	你的朋友在哪儿？(nǐ de péng yǒu zài nǎ ér) ¿Dónde está tu amigo/a?

匹 (pǐ)	clasificador	Ø	这 匹 马 很 漂 亮。(zhè pǐ mǎ hěn piāo liàng) Este caballo es muy bonito.
漂 亮 (piāo liàng)	adjetivo	guapo, guapa, bonito, bonita	你 家 很 漂 亮。(nǐ jiā hěn piāo liàng) Tu casa es muy bonita.
苹 果 (píng guǒ)	sustantivo	manzana	我 买 了 很 多 苹 果。(wǒ mǎi le hěn duō píng guǒ) Compré muchas manzanas.
七 (qī)	número	siete	我 七 月 回 家。(wǒ qī yuè huí jiā) Vuelvo a casa en Julio.
前 面 (qián miàn)	sustantivo	delante de	大 学 前 面 有 电 影 院。(dà xué qián miàn yǒu diàn yǐng yuàn) Hay un cine delante de la universidad.
钱 (qián)	sustantivo	dinero	这 是 三 块 钱。(zhè shì sān kuài qián) Esto vale tres yuanes.
请 (qǐng)	verbo	invitar	我 请 朋 友 来 我 家。(wǒ qǐng péng yǒu lái wǒ jiā) Yo invito mis amigos a mi casa.
去 (qù)	verbo	ir	你 什 么 时 候 去 大 学？(nǐ shén me shí hòu qù dà xué) ¿Cuándo vas a la universidad?
让 (ràng)	verbo	hacer que alguien haga algo, pedirle a alguien que haga algo	妈 妈 让 我 回 家。(mā mā ràng wǒ huí jiā) Mamá me obliga a volver a casa. / Mamá me pide volver a casa.
热 (rè)	adjetivo	cálido, hacer calor	书 店 里 很 热。(shū diàn lǐ hěn rè) En la librería hace mucho calor.
人 (rén)	sustantivo	persona	这 里 人 很 多。(zhè lǐ rén hěn duō) Aquí hay mucha gente.
认 识 (rèn shí)	verbo	conocer	我 不 认 识 他。(wǒ bù rèn shí tā) Yo no le conozco.

sān 三	número	tres	sān 三 yuè 月 wǔ 五 hào 号 huí 回 qù 去。 Volvemos el cinco de marzo.
shāng diàn 商 店	sustantivo	tienda	bà 爸 bà 爸 hěn 很 xǐ 喜 huān 欢 zhè 这 gè 个 shāng 商 diàn 店。 A papá le gusta mucho esta tienda.
shàng 上	sustantivo	arriba, encima de	zhuō 桌 zi 子 shàng 上 yǒu 有 shén 什 me 么？ ¿Qué hay encima de la mesa?
shàng wǔ 上 午	sustantivo	por la mañana	wǒ 我 shàng 上 wǔ 午 gōng 工 zuò 作， xià 下 wǔ 午 xué 学 xí 习 hàn 汉 yǔ 语。 Por la mañana trabajo, por la tarde estudio chino.
shǎo 少	adjetivo	poco, pocos	hàn 汉 yǔ 语 de 的 shū 书 hěn 很 shǎo 少。 Los libros de chino son muy pocos.
shéi 谁	pronombre interrogativo	quién	zhè 这 shì 是 shéi 谁 de 的 shū 书？ ¿De quién es este libro?
shén me 什 么	pronombre interrogativo	qué	nǐ 你 xiǎng 想 hē 喝 shén 什 me 么？ ¿Qué quieres tomar?
shí 十	número	diez	wǒ 我 men 们 shí 十 diǎn 点 gōng 工 zuò 作。 Nosotros trabajamos a las diez.
shí hòu 时 候	sustantivo	cuándo, cuando	wǒ 我 zài 在 zhōng 中 guó 国 de 的 shí 时 hòu 候 hěn 很 gāo 高 xìng 兴。 Estoy muy contento/a cuando estoy en China.
shǐ 使	verbo	hacer que alguien haga algo, pedirle a alguien que haga algo	lǚ 旅 yóu 游 kě 可 yǐ 以 shǐ 使 rén 人 kāi 开 kuò 阔 yǎn 眼 jiè 界。 Viajar te amplía los horizontes.
shì 是	verbo	ser	wǒ 我 shì 是 hàn 汉 yǔ 语 xué 学 shēng 生。 Yo soy estudiante de chino.

手 shǒu	sustantivo	mano	手里有什么？ shǒu lǐ yǒu shén me ¿Qué tienes en la mano?
书 shū	sustantivo	libro	椅子上有书。 yǐ zi shàng yǒu shū Hay libros encima de la silla.
水 shuǐ	sustantivo	agua	小月想喝水。 xiǎo yuè xiǎng hē shuǐ Xiao Yue quiere beber agua.
水果 shuǐ guǒ	sustantivo	fruta	我天天吃水果。 wǒ tiān tiān chī shuǐ guǒ Yo como fruta todos los días.
睡觉 shuì jiào	verbo + objeto	dormir	爸爸很想睡觉。 bà bà hěn xiǎng shuì jiào Papá tiene muchas ganas de dormir.
说 shuō	verbo	hablar	你会说汉语吗？ nǐ huì shuō hàn yǔ ma ¿Tú sabes hablar chino?
四 sì	número	cuatro	哥哥四十岁。 gē gē sì shí suì Mi hermano mayor tiene 40 años.
岁 suì	clasificador	años de edad	我三十岁。你呢？ wǒ sān shí suì nǐ ne Yo tengo 30 años. ¿Y tú (cuántos años tienes)?
他 tā	pronombre	él	他是王老师。 tā shì wáng lǎo shī Él es el profesor Wang.
她 tā	pronombre	ella	她是小月。 tā shì xiǎo yuè Ella es Xiao Yue.
太 tài	adverbio intensificador	demasiado	今天太热了。 jīn tiān tài rè le Hoy hace demasiado calor.
天气 tiān qì	sustantivo	tiempo (atmosférico)	今天天气很好。 jīn tiān tiān qì hěn hǎo Hoy hace muy buen tiempo.
听 tīng	verbo	escuchar, oír	你听见了吗？ nǐ tīng jiàn le ma ¿Lo has oído?

<ruby>同<rt>tóng</rt></ruby> <ruby>学<rt>xué</rt></ruby>	sustantivo	compañero, compañera (de clase, de curso)	<ruby>北<rt>běi</rt></ruby> <ruby>京<rt>jīng</rt></ruby> <ruby>大<rt>dà</rt></ruby> <ruby>学<rt>xué</rt></ruby> <ruby>有<rt>yǒu</rt></ruby> <ruby>多<rt>duō</rt></ruby> <ruby>少<rt>shǎo</rt></ruby> <ruby>同<rt>tóng</rt></ruby> <ruby>学<rt>xué</rt></ruby>? ¿Cuántos compañeros hay en la Universidad de Pekín?
<ruby>图<rt>tú</rt></ruby>	sustantivo	dibujo	No suele ser muy común ver este carácter usando solo, suele ser parte de palabras plurisilábicas como: <ruby>地<rt>dì</rt></ruby><ruby>图<rt>tú</rt></ruby> mapa, <ruby>图<rt>tú</rt></ruby><ruby>书<rt>shū</rt></ruby><ruby>馆<rt>guǎn</rt></ruby> biblioteca, <ruby>图<rt>tú</rt></ruby><ruby>片<rt>piàn</rt></ruby> foto, etc.
<ruby>图<rt>tú</rt></ruby> <ruby>书<rt>shū</rt></ruby> <ruby>馆<rt>guǎn</rt></ruby>	sustantivo	biblioteca	<ruby>他<rt>tā</rt></ruby> <ruby>去<rt>qù</rt></ruby> <ruby>了<rt>le</rt></ruby> <ruby>图<rt>tú</rt></ruby> <ruby>书<rt>shū</rt></ruby> <ruby>馆<rt>guǎn</rt></ruby>。 Se fue a la biblioteca.
<ruby>土<rt>tǔ</rt></ruby>	radical, sustantivo	tierra, suelo	Es más común ver este carácter usado como parte integrante de palabras plurisilábicas como: <ruby>土<rt>tǔ</rt></ruby><ruby>地<rt>dì</rt></ruby> suelo, tierra, <ruby>黄<rt>huáng</rt></ruby><ruby>土<rt>tǔ</rt></ruby> loess, <ruby>本<rt>běn</rt></ruby><ruby>土<rt>tǔ</rt></ruby> país natal, etc.
<ruby>王<rt>wáng</rt></ruby>	nombre propio	Wang (apellido)	<ruby>那<rt>nà</rt></ruby> <ruby>个<rt>gè</rt></ruby> <ruby>女<rt>nǚ</rt></ruby> <ruby>老<rt>lǎo</rt></ruby> <ruby>师<rt>shī</rt></ruby> <ruby>是<rt>shì</rt></ruby> <ruby>老<rt>lǎo</rt></ruby><ruby>师<rt>shī</rt></ruby>。 Esa profesora es la profesora Wang.
<ruby>喂<rt>wèi</rt></ruby>	exclamación	¡Oye!	<ruby>喂<rt>wèi</rt></ruby>! <ruby>同<rt>tóng</rt></ruby> <ruby>学<rt>xué</rt></ruby> <ruby>们<rt>men</rt></ruby> <ruby>在<rt>zài</rt></ruby> <ruby>哪<rt>nǎ</rt></ruby><ruby>儿<rt>ér</rt></ruby>? ¡Oye! ¿Dónde están los compañeros/las compañeras?
<ruby>我<rt>wǒ</rt></ruby>	pronombre	yo	<ruby>我<rt>wǒ</rt></ruby> <ruby>想<rt>xiǎng</rt></ruby> <ruby>回<rt>huí</rt></ruby> <ruby>家<rt>jiā</rt></ruby>。 Tengo ganas de volver a casa.
<ruby>我<rt>wǒ</rt></ruby> <ruby>们<rt>men</rt></ruby>	pronombre	nosotros, nosotras	<ruby>我<rt>wǒ</rt></ruby> <ruby>们<rt>men</rt></ruby> <ruby>坐<rt>zuò</rt></ruby> <ruby>出<rt>chū</rt></ruby> <ruby>租<rt>zū</rt></ruby> <ruby>车<rt>chē</rt></ruby> <ruby>回<rt>huí</rt></ruby> <ruby>家<rt>jiā</rt></ruby>。 Nosotros/nosotras volvemos a casa en taxi.
<ruby>五<rt>wǔ</rt></ruby>	número	cinco	<ruby>我<rt>wǒ</rt></ruby> <ruby>们<rt>men</rt></ruby> <ruby>五<rt>wǔ</rt></ruby> <ruby>个<rt>gè</rt></ruby> <ruby>人<rt>rén</rt></ruby> <ruby>都<rt>dōu</rt></ruby> <ruby>是<rt>shì</rt></ruby> <ruby>老<rt>lǎo</rt></ruby><ruby>师<rt>shī</rt></ruby>。 Nosotros/nosotras cinco todos somos profesores.

<ruby>喜<rt>xǐ</rt></ruby> <ruby>爱<rt>ài</rt></ruby>	sustantivo, verbo	gustar, satisfacción	<ruby>他<rt>tā</rt></ruby> <ruby>喜<rt>xǐ</rt></ruby> <ruby>爱<rt>ài</rt></ruby> <ruby>开<rt>kāi</rt></ruby> <ruby>车<rt>chē</rt></ruby>。 Le gusta conducir.
<ruby>喜<rt>xǐ</rt></ruby> <ruby>欢<rt>huān</rt></ruby>	verbo	gustar	<ruby>她<rt>tā</rt></ruby> <ruby>们<rt>men</rt></ruby> <ruby>喜<rt>xǐ</rt></ruby> <ruby>欢<rt>huān</rt></ruby> <ruby>水<rt>shuǐ</rt></ruby> <ruby>果<rt>guǒ</rt></ruby>。 A ellas les gusta la fruta.
<ruby>下<rt>xià</rt></ruby>	sustantivo	debajo de	<ruby>猫<rt>māo</rt></ruby> <ruby>在<rt>zài</rt></ruby> <ruby>桌<rt>zhuō</rt></ruby> <ruby>子<rt>zi</rt></ruby> <ruby>下<rt>xià</rt></ruby>。 El gato está debajo de la mesa.
<ruby>下<rt>xià</rt></ruby> <ruby>午<rt>wǔ</rt></ruby>	sustantivo	por la tarde	<ruby>我<rt>wǒ</rt></ruby> <ruby>上<rt>shàng</rt></ruby> <ruby>午<rt>wǔ</rt></ruby> <ruby>工<rt>gōng</rt></ruby> <ruby>作<rt>zuò</rt></ruby>，<ruby>下<rt>xià</rt></ruby> <ruby>午<rt>wǔ</rt></ruby> <ruby>学<rt>xí</rt></ruby> <ruby>习<rt>hàn</rt></ruby> <ruby>汉<rt>yǔ</rt></ruby> <ruby>语<rt></rt></ruby>。 Por la mañana trabajo, por la tarde estudio chino.
<ruby>下<rt>xià</rt></ruby> <ruby>雨<rt>yǔ</rt></ruby>	verbo + objeto	llover	<ruby>昨<rt>zuó</rt></ruby> <ruby>天<rt>tiān</rt></ruby> <ruby>下<rt>xià</rt></ruby> <ruby>了<rt>le</rt></ruby> <ruby>雨<rt>yǔ</rt></ruby> <ruby>吗<rt>ma</rt></ruby>？ ¿Hoy llovió?
<ruby>先<rt>xiān</rt></ruby> <ruby>生<rt>shēng</rt></ruby>	sustantivo	señor	<ruby>这<rt>zhè</rt></ruby> <ruby>是<rt>shì</rt></ruby> <ruby>王<rt>wáng</rt></ruby> <ruby>先<rt>xiān</rt></ruby> <ruby>生<rt>shēng</rt></ruby>。 Este es el señor Wang.
<ruby>现<rt>xiàn</rt></ruby> <ruby>在<rt>zài</rt></ruby>	sustantivo	ahora	<ruby>现<rt>xiàn</rt></ruby> <ruby>在<rt>zài</rt></ruby> <ruby>下<rt>xià</rt></ruby> <ruby>午<rt>wǔ</rt></ruby> <ruby>四<rt>sì</rt></ruby> <ruby>点<rt>diǎn</rt></ruby>。 Ahora son las cuatro de la tarde.
<ruby>想<rt>xiǎng</rt></ruby>	verbo	tener ganas de, pensar, desear	<ruby>我<rt>wǒ</rt></ruby> <ruby>不<rt>bù</rt></ruby> <ruby>想<rt>xiǎng</rt></ruby> <ruby>回<rt>huí</rt></ruby> <ruby>家<rt>jiā</rt></ruby>。 No tengo ganas de volver a casa.
<ruby>小<rt>xiǎo</rt></ruby>	adjetivo	pequeño, pequeña	<ruby>这<rt>zhè</rt></ruby> <ruby>个<rt>gè</rt></ruby> <ruby>大<rt>dà</rt></ruby> <ruby>学<rt>xué</rt></ruby> <ruby>很<rt>hěn</rt></ruby> <ruby>小<rt>xiǎo</rt></ruby>。 Esta universidad es muy pequeña.
<ruby>小<rt>xiǎo</rt></ruby> <ruby>姐<rt>jiě</rt></ruby>	sustantivo	señorita	<ruby>小<rt>xiǎo</rt></ruby> <ruby>姐<rt>jiě</rt></ruby> <ruby>在<rt>zài</rt></ruby> <ruby>大<rt>dà</rt></ruby> <ruby>学<rt>xué</rt></ruby> <ruby>工<rt>gōng</rt></ruby> <ruby>作<rt>zuò</rt></ruby>。 La chica trabaja en la universidad.
<ruby>小<rt>xiǎo</rt></ruby> <ruby>月<rt>yuè</rt></ruby>	nombre propio	Xiaoyue	<ruby>小<rt>xiǎo</rt></ruby> <ruby>月<rt>yuè</rt></ruby> <ruby>是<rt>shì</rt></ruby> <ruby>汉<rt>hàn</rt></ruby> <ruby>语<rt>yǔ</rt></ruby> <ruby>老<rt>lǎo</rt></ruby> <ruby>师<rt>shī</rt></ruby>。 Xiao Yue es profesora de chino.
<ruby>些<rt>xiē</rt></ruby>	clasificador	algunos, algunas	<ruby>明<rt>míng</rt></ruby> <ruby>天<rt>tiān</rt></ruby> <ruby>一<rt>yī</rt></ruby> <ruby>些<rt>xiē</rt></ruby> <ruby>人<rt>rén</rt></ruby> <ruby>去<rt>qù</rt></ruby> <ruby>北<rt>běi</rt></ruby> <ruby>京<rt>jīng</rt></ruby> <ruby>大<rt>dà</rt></ruby> <ruby>学<rt>xué</rt></ruby>。 Mañana algunas personas irán a la Universidad de Pekín.

<ruby>写<rt>xiě</rt></ruby>	verbo	escribir	<ruby>他<rt>tā</rt></ruby><ruby>会<rt>huì</rt></ruby><ruby>写<rt>xiě</rt></ruby><ruby>汉<rt>hàn</rt></ruby><ruby>字<rt>zì</rt></ruby><ruby>吗<rt>ma</rt></ruby>？¿Él sabe escribir los caracteres chinos?
<ruby>谢<rt>xiè</rt></ruby><ruby>谢<rt>xiè</rt></ruby>	verbo	dar las gracias, gracias	A:<ruby>谢<rt>xiè</rt></ruby><ruby>谢<rt>xiè</rt></ruby>！B:<ruby>不<rt>bù</rt></ruby><ruby>客<rt>kè</rt></ruby><ruby>气<rt>qì</rt></ruby>。A: ¡Gracias! B: De nada.
<ruby>星<rt>xīng</rt></ruby><ruby>期<rt>qī</rt></ruby>	sustantivo	semana	<ruby>他<rt>tā</rt></ruby><ruby>这<rt>zhè</rt></ruby><ruby>个<rt>gè</rt></ruby><ruby>星<rt>xīng</rt></ruby><ruby>期<rt>qī</rt></ruby><ruby>回<rt>huí</rt></ruby><ruby>中<rt>zhōng</rt></ruby><ruby>国<rt>guó</rt></ruby>。Él vuelve a China esta semana.
<ruby>学<rt>xué</rt></ruby><ruby>生<rt>shēng</rt></ruby>	sustantivo	estudiante	<ruby>她<rt>tā</rt></ruby><ruby>们<rt>men</rt></ruby><ruby>都<rt>dōu</rt></ruby><ruby>是<rt>shì</rt></ruby><ruby>学<rt>xué</rt></ruby><ruby>生<rt>shēng</rt></ruby>。Todas ellas son estudiantes.
<ruby>学<rt>xué</rt></ruby><ruby>习<rt>xí</rt></ruby>	verbo	estudiar	<ruby>我<rt>wǒ</rt></ruby><ruby>们<rt>men</rt></ruby><ruby>在<rt>zài</rt></ruby><ruby>大<rt>dà</rt></ruby><ruby>学<rt>xué</rt></ruby><ruby>学<rt>xué</rt></ruby><ruby>习<rt>xí</rt></ruby><ruby>汉<rt>hàn</rt></ruby><ruby>语<rt>yǔ</rt></ruby>。Nosotros estudiamos chino en la universidad.
<ruby>学<rt>xué</rt></ruby><ruby>校<rt>xiào</rt></ruby>	sustantivo	escuela	<ruby>你<rt>nǐ</rt></ruby><ruby>的<rt>de</rt></ruby><ruby>学<rt>xué</rt></ruby><ruby>校<rt>xiào</rt></ruby><ruby>叫<rt>jiào</rt></ruby><ruby>什<rt>shén</rt></ruby><ruby>么<rt>me</rt></ruby>？¿Cómo se llama tu escuela?
<ruby>演<rt>yǎn</rt></ruby><ruby>出<rt>chū</rt></ruby>	verbo + complemento, sustantivo	actuar, actuación	<ruby>演<rt>yǎn</rt></ruby><ruby>出<rt>chū</rt></ruby><ruby>怎<rt>zěn</rt></ruby><ruby>么<rt>me</rt></ruby><ruby>样<rt>yàng</rt></ruby>？¿Qué tal la actuación?
<ruby>演<rt>yǎn</rt></ruby><ruby>戏<rt>xì</rt></ruby>	verbo	actuar	<ruby>他<rt>tā</rt></ruby><ruby>很<rt>hěn</rt></ruby><ruby>喜<rt>xǐ</rt></ruby><ruby>欢<rt>huān</rt></ruby><ruby>演<rt>yǎn</rt></ruby><ruby>戏<rt>xì</rt></ruby>。Le gusta actuar
<ruby>演<rt>yǎn</rt></ruby><ruby>员<rt>yuán</rt></ruby>	sustantivo	artista, interprete, actor, actriz	<ruby>这<rt>zhè</rt></ruby><ruby>个<rt>gè</rt></ruby><ruby>演<rt>yǎn</rt></ruby><ruby>员<rt>yuán</rt></ruby><ruby>很<rt>hěn</rt></ruby><ruby>好<rt>hǎo</rt></ruby>。Este artista es muy bueno.
<ruby>一<rt>yī</rt></ruby>	número	uno	<ruby>王<rt>wáng</rt></ruby><ruby>医<rt>yī</rt></ruby><ruby>生<rt>shēng</rt></ruby><ruby>买<rt>mǎi</rt></ruby><ruby>了<rt>le</rt></ruby><ruby>一<rt>yī</rt></ruby><ruby>本<rt>běn</rt></ruby><ruby>汉<rt>hàn</rt></ruby><ruby>语<rt>yǔ</rt></ruby><ruby>书<rt>shū</rt></ruby>。El doctor Wang ha comprado un libro de chino.
<ruby>一<rt>yī</rt></ruby><ruby>点<rt>diǎn</rt></ruby><ruby>儿<rt>ér</rt></ruby>	cantidad	un poco de, un poco	<ruby>爸<rt>bà</rt></ruby><ruby>爸<rt>bà</rt></ruby>，<ruby>吃<rt>chī</rt></ruby><ruby>了<rt>le</rt></ruby><ruby>一<rt>yī</rt></ruby><ruby>点<rt>diǎn</rt></ruby><ruby>水<rt>shuǐ</rt></ruby><ruby>果<rt>guó</rt></ruby>。Papá comió un poco de fruta.
<ruby>一<rt>yī</rt></ruby><ruby>回<rt>huí</rt></ruby>	número + clasificador	Ø	<ruby>那<rt>nà</rt></ruby><ruby>是<rt>shì</rt></ruby><ruby>另<rt>lìng</rt></ruby><ruby>一<rt>yī</rt></ruby><ruby>回<rt>huí</rt></ruby><ruby>事<rt>shì</rt></ruby>。Esa es otra historia.

<ruby>一<rt>yī</rt></ruby> <ruby>两<rt>liǎng</rt></ruby>	número + número	uno dos	<ruby>他<rt>tā</rt></ruby> <ruby>跟<rt>gēn</rt></ruby> <ruby>我<rt>wǒ</rt></ruby> <ruby>说<rt>shuō</rt></ruby> <ruby>过<rt>guò</rt></ruby> <ruby>一<rt>yī</rt></ruby> <ruby>两<rt>liǎng</rt></ruby> <ruby>次<rt>cì</rt></ruby>。Ha hablado conmigo un par de veces.
<ruby>一<rt>yī</rt></ruby> <ruby>声<rt>shēng</rt></ruby>	número + clasificador	Ø	<ruby>你<rt>nǐ</rt></ruby> <ruby>回<rt>huí</rt></ruby> <ruby>家<rt>jiā</rt></ruby> <ruby>以<rt>yǐ</rt></ruby> <ruby>前<rt>qián</rt></ruby> <ruby>跟<rt>gēn</rt></ruby> <ruby>我<rt>wǒ</rt></ruby> <ruby>说<rt>shuō</rt></ruby> <ruby>一<rt>yī</rt></ruby> <ruby>声<rt>shēng</rt></ruby>。Avísame antes de irte a casa.
<ruby>衣<rt>yī</rt></ruby> <ruby>服<rt>fú</rt></ruby>	sustantivo	ropa	<ruby>你<rt>nǐ</rt></ruby> <ruby>的<rt>de</rt></ruby> <ruby>衣<rt>yī</rt></ruby> <ruby>服<rt>fú</rt></ruby> <ruby>很<rt>hěn</rt></ruby> <ruby>漂<rt>piāo</rt></ruby> <ruby>亮<rt>liàng</rt></ruby>。Tu ropa es muy bonita.
<ruby>医<rt>yī</rt></ruby> <ruby>生<rt>shēng</rt></ruby>	sustantivo	medico	<ruby>王<rt>wáng</rt></ruby> <ruby>医<rt>yī</rt></ruby> <ruby>生<rt>shēng</rt></ruby> <ruby>不<rt>bù</rt></ruby> <ruby>是<rt>shì</rt></ruby> <ruby>中<rt>zhōng</rt></ruby> <ruby>国<rt>guó</rt></ruby> <ruby>人<rt>rén</rt></ruby>。El doctor Wang no es chino.
<ruby>医<rt>yī</rt></ruby> <ruby>院<rt>yuàn</rt></ruby>	sustantivo	hospital	<ruby>王<rt>wáng</rt></ruby> <ruby>医<rt>yī</rt></ruby> <ruby>生<rt>shēng</rt></ruby> <ruby>在<rt>zài</rt></ruby> <ruby>北<rt>běi</rt></ruby> <ruby>京<rt>jīng</rt></ruby> <ruby>医<rt>yī</rt></ruby> <ruby>院<rt>yuàn</rt></ruby> <ruby>工<rt>gōng</rt></ruby> <ruby>作<rt>zuò</rt></ruby>。El doctor Wang trabaja en el hospital de Pekín.
<ruby>椅<rt>yǐ</rt></ruby> <ruby>子<rt>zi</rt></ruby>	sustantivo	silla	<ruby>椅<rt>yǐ</rt></ruby> <ruby>子<rt>zi</rt></ruby> <ruby>上<rt>shàng</rt></ruby> <ruby>有<rt>yǒu</rt></ruby> <ruby>书<rt>shū</rt></ruby>。Hay libros encima de la silla.
<ruby>有<rt>yǒu</rt></ruby>	verbo	tener, hay	<ruby>桌<rt>zhuō</rt></ruby> <ruby>子<rt>zi</rt></ruby> <ruby>上<rt>shàng</rt></ruby> <ruby>有<rt>yǒu</rt></ruby> <ruby>什<rt>shén</rt></ruby> <ruby>么<rt>me</rt></ruby>？¿Qué hay encima de la mesa?
<ruby>月<rt>yuè</rt></ruby>	sustantivo	mes	<ruby>一<rt>yī</rt></ruby> <ruby>月<rt>yuè</rt></ruby> <ruby>三<rt>sān</rt></ruby> <ruby>号<rt>hào</rt></ruby> tres de enero
<ruby>再<rt>zài</rt></ruby> <ruby>见<rt>jiàn</rt></ruby>	verbo	adiós, hasta luego	<ruby>我<rt>wǒ</rt></ruby> <ruby>回<rt>huí</rt></ruby> <ruby>家<rt>jiā</rt></ruby>，<ruby>再<rt>zài</rt></ruby> <ruby>见<rt>jiàn</rt></ruby>。Vuelvo a casa. ¡Adiós!
<ruby>在<rt>zài</rt></ruby>	verbo, preposición	estar, en	<ruby>妈<rt>mā</rt></ruby> <ruby>妈<rt>mā</rt></ruby> <ruby>在<rt>zài</rt></ruby> <ruby>饭<rt>fàn</rt></ruby> <ruby>店<rt>diàn</rt></ruby>。Mamá está en el restaurante. <ruby>妈<rt>mā</rt></ruby> <ruby>妈<rt>mā</rt></ruby> <ruby>在<rt>zài</rt></ruby> <ruby>饭<rt>fàn</rt></ruby> <ruby>店<rt>diàn</rt></ruby> <ruby>工<rt>gōng</rt></ruby> <ruby>作<rt>zuò</rt></ruby>。Mamá trabaja en el restaurante.
<ruby>怎<rt>zěn</rt></ruby> <ruby>么<rt>me</rt></ruby>	pronombre interrogativo	cómo	<ruby>他<rt>tā</rt></ruby> <ruby>们<rt>men</rt></ruby> <ruby>怎<rt>zěn</rt></ruby> <ruby>么<rt>me</rt></ruby> <ruby>回<rt>huí</rt></ruby> <ruby>家<rt>jiā</rt></ruby>？¿Ellos cómo vuelven a casa?
<ruby>怎<rt>zěn</rt></ruby> <ruby>么<rt>me</rt></ruby> <ruby>样<rt>yàng</rt></ruby>	pronombre interrogativo	cómo	<ruby>那<rt>nà</rt></ruby> <ruby>本<rt>běn</rt></ruby> <ruby>书<rt>shū</rt></ruby> <ruby>怎<rt>zěn</rt></ruby> <ruby>么<rt>me</rt></ruby> <ruby>样<rt>yàng</rt></ruby>？¿Cómo es ese libro?

zhè 这	demostrativo	esto, esta	zhè běn shū shí liù kuài qián 这本书十六块钱。Este libro cuesta 16 yuanes.
zhè ér 这儿	pronombre	aquí	zhè ér méi yǒu rén 这儿没有人。Aquí no hay gente.
zhè lǐ 这里	pronombre	aquí	zhè lǐ shū hěn duō 这里书很多。Aquí hay muchos libros.
zhōng guó 中国	sustantivo	China	zhōng guó hěn dà 中国很大。China es muy grande.
zhōng wǔ 中午	sustantivo	al mediodía	nǐ zhōng wǔ chī shén me 你中午吃什么？¿Qué comes al mediodía?
zhǔ 煮	verbo	hervir	wǒ qù zhǔ kā fēi 我去煮咖啡。Voy a preparar café
zhù 住	verbo	vivir, residir	tā men zhù zài nǎ 他们住在哪 ér 儿？¿Dónde viven ellos?
zhuō zi 桌子	sustantivo	mesa	zhuō zi shàng de bēi zi shì shuí 桌子上的杯子是谁 de 的？¿La taza que está encima de la mesa de quién es?
zì 字	sustantivo	carácter	nǐ xǐ huān xué xí hàn zì 你喜欢学习汉字 ma 吗？¿A ti te gusta estudiar caracteres chinos?
zuó tiān 昨天	sustantivo	ayer	zuó tiān wǒ kàn le diàn 昨天我看了电 shì 视。Ayer vi la televisión.
zuò 坐	verbo	sentarse, coger (un medio de transporte)	bà ba shì zuò chū zū chē huí jiā 爸爸是坐出租车回家 de 的。Papá ha vuelto a casa en taxi (y no en bus/coche/tren, etc.).
zuò 做	verbo	hacer	mā mā jiào wǒ zuò fàn 妈妈叫我做饭。Mamá hace que/pide que yo cocine.
zuò fàn 做饭	verbo + objeto	hacer de comer, cocinar	wǒ hěn xǐ huān zuò fàn 我很喜欢做饭。Me gusta mucho cocinar.

8. SOLUCIONES

Ejercicios sección 3.1.

1. ¿Sabes decir cuántos trazos tienen los siguientes caracteres?

麻 =11   牛 =4   叶 =5   甲 =5   谢 =12   弟 =7   很 =9   奶 =5   土 =3   图 =8   天
=4   及 =3

Ejercicios sección 3.2.

1. Separa componentes y radicales de los siguientes caracteres como se indica en el ejemplo: 妈 = 女 + 马

很 = 彳 + 艮   会 = 人 + 云   叵 = 匚 + 口   脚 = 月 + 去 + 卩   问 = 门 + 口

床 = 广 + 木   道 = 辶 + 首   说 = 讠 +   汉 = 氵 + 又   爸 = 父 + 巴

品 = 口 + 口 + 口   他 = 彳 + 也   学 = 丶 丷 + 冖 + 子   留 = 丿 厶 + 力 + 田   师
= 丨 + 帀

2. Señala el radical en los siguientes caracteres y, con la ayuda de un diccionario o de tu profesor/a añade más palabras con ese radical:

语 → 讠   茶 → 艹   酒 → 氵   进 → 辶

凉 →   爸 → 父   地 → 土

狗 → 犭   馆 → 饣   照 → 灬   腿 → 月

树 → 木   骑 → 马   室 → 宀

忘 → 心   河 → 氵   帽 → 巾   图 → 囗

Ejercicios sección 3.3.

1. Señala los caracteres simples dentro de la siguiente lista.

久 目 日 巳 卅 不 太 犬 手 午 牛 毛 气 壬 升 史 冉 皿 凹

Ejercicios sección 3.4

1. Dibuja la estructura interna alrededor de de los siguientes caracteres:

宝 化 岛 屿 智 慧 华 我 基 付 钱 因 另 外 孔 句

宝 化 岛 屿 智 慧 华 我 基 付 钱 因 另 外 孔 句

2. Agrupa los siguientes caracteres según sus estructuras internas como indicado en el ejemplo:

⊟: 吕,, 台, 爸, 杏   ⊟: 都, 加, 戏

⊟: 河, 怕, 抖, 让, 烦, 招   ⊟: 游, 琳, 湘, 推

⊟: 闻, 阔, 同, 问   ⊟: 工

⊟: 逗, 逛, 廷, 递   ⊟: 庭, 底, 历

⊟: 范, 劳, 宁, 家, 危, 参, 刍

Ejercicios sección 4.1

1. Busca el significado o la función de las siguientes palabras y colócalas en el recuadro correcto:

xū cí 虚 词 "palabras vacías"	shí cí 实 词 "palabras llenas"
de le ma běn hěn 的，了，吗，本，很	lǎo shī nǐ dà chī 老师，你，大，吃， chá lǐ qǐng qù qī 茶，里，请，去，七， dú xiē duō ài hē 读，些，多，爱，喝， hǎo sì xià yī 好，四，下，一

Ejercicios sección 4.2

1. Añade el clasificador correcto cuando sea necesario y después traduce las oraciones al español

1. xué xiào yǒu hěn duō xué shēng
学校有很多∅学生。 → Trad: En la escuela hay muchos estudiantes.

2. tā chī yī kuài xiē shuǐ guǒ
他吃一块／些水果。 → Trad: Él come un trozo de fruta / un poco de fruta.

3. mā mā yǒu sān kuài qián
妈妈有三块钱。 → Trad: Mamá tiene 3 yuanes.

4. lái le yī gè péng yǒu
来了一个朋友。 → Trad: Vino un amigo.

5. bà bà yǒu wǔ gè chá bēi
爸爸有五个茶杯。 → Trad: Papá tiene cinco tazas.

6. běi jīng dà xué rén hěn duō
北京大学∅人很多。 → Trad: En la Universidad de Pekín hay mucha gente.

7. <ruby>那<rt>nà</rt></ruby> <ruby>个<rt>gè</rt></ruby> <ruby>人<rt>rén</rt></ruby> <ruby>是<rt>shì</rt></ruby> <ruby>谁<rt>shéi</rt></ruby>？→　Trad: ¿Quién es esa persona?

8. <ruby>李<rt>lǐ</rt></ruby> <ruby>老<rt>lǎo</rt></ruby> <ruby>师<rt>shī</rt></ruby> <ruby>有<rt>yǒu</rt></ruby> <ruby>很<rt>hěn</rt></ruby> <ruby>少<rt>shǎo</rt></ruby> Ø <ruby>书<rt>shū</rt></ruby>。→ Trad: El profesor/la profesora Li tiene muy pocos libros.

2. Une las palabras de las dos columnas para crear locuciones compuestas por modificador + 的(de) + modificado. Por ejemplo: 你的工作(nǐ de gōng zuò)，爸爸的电脑(bà bà de diàn nǎo) etc. Después tradúcelas al español.

1	2
我 (wǒ)	饭店 (fàn diàn)
你 (nǐ)	工作 (gōng zuò)
她／他／它 (tā/tā/tā)	杯子 (bēi zi)
我们 (wǒ men)	电脑 (diàn nǎo)
你们 (nǐ men)	人 (rén)
他们／她们／它们 (tā men/tā men/tā men)	朋友 (péng yǒu)
爸爸 (bà bà)	家 (jiā)
妈妈 (mā mā)	钱 (qián)
小月 (xiǎo yuè)	商店 (shāng diàn)
上午 (shàng wǔ)	水 (shuǐ)
下午 (xià wǔ)	书 (shū)
今天 (jīn tiān)	天气 (tiān qì)
昨天 (zuó tiān)	同学 (tóng xué)
明天 (míng tiān)	学生 (xué shēng)
高兴 (gāo xìng)	衣服 (yī fú)
漂亮 (piāo liàng)	医生 (yī shēng)
学校 (xué xiào)	椅子 (yǐ zi)
桌子上 (zhuō zi shàng)	大学 (dà xué)
椅子后面 (yǐ zi hòu miàn)	汉字 (hàn zì)
我写 (wǒ xiě)	水果 (shuǐ guǒ)

我 的 饭 店　Mi restaurante

你 的 饭 店　Tu restaurante

她／他 的 饭 店　Su restaurante

我 们 的 饭 店　Nuestro restaurante

你 们 的 饭 店　Vuestro restaurante

她 们／他 们 的 饭 店　Su restaurante

爸 爸 的 饭 店　El restaurante de papá

妈 妈 的 饭 店　El restaurante de mamá

小 月 的 饭 店　El restaurante de Xiao Yue

上 午 的 饭 店　El restaurante de esta mañana/ de por la mañana

下 午 的 饭 店　El restaurante de esta tarde / de por la tarde

今 天 的 饭 店　El restaurante de hoy

昨 天 的 饭 店　El restaurante de ayer

明 天 的 饭 店　El restaurante de mañana

学 校 的 饭 店　El restaurante de la escuela.

我 的 工 作　Mi trabajo

你 的 工 作　Tu trabajo

她／他 的 工 作　Su trabajo

我 们 的 工 作　Nuestro trabajo

你 们 的 工 作　Vuestro trabajo

她 们／他 们 的 工 作　Su trabajo

爸 爸 的 工 作　El trabajo de papá

妈 妈 的 工 作　El trabajo de mamá

_{xiǎo yuè de gōng zuò}
小 月 的 工 作 El trabajo de Xiao Yue

_{shàng wǔ de gōng zuò}
上 午 的 工 作 El trabajo de esta mañana/ de por la mañana

_{xià wǔ de gōng zuò}
下 午 的 工 作 El trabajo de esta tarde / de por la tarde

_{jīn tiān de gōng zuò}
今 天 的 工 作 El trabajo de hoy

_{zuó tiān de gōng zuò}
昨 天 的 工 作 El trabajo de ayer

_{míng tiān de gōng zuò}
明 天 的 工 作 El trabajo de mañana

_{xué xiào de gōng zuò}
学 校 的 工 作 El trabajo de la escuela.

_{wǒ de bēi zi}
我 的 杯 子 Mi taza

_{nǐ de bēi zi}
你 的 杯 子 Tu taza

_{tā / tā de bēi zi}
她 / 他 的 杯 子 Su taza

_{wǒ men de bēi zi}
我 们 的 杯 子 Nuestra taza

_{nǐ men de bēi zi}
你 们 的 杯 子 Vuestra taza

_{tā men / tā men de bēi zi}
她 们 / 他 们 的 杯 子 Su taza

_{bà bà de bēi zi}
爸 爸 的 杯 子 La taza de papá

_{mā mā de bēi zi}
妈 妈 的 杯 子 La taza de mamá

_{xiǎo yuè de bēi zi}
小 月 的 杯 子 La taza de Xiao Yue

_{shàng wǔ de bēi zi}
上 午 的 杯 子 La taza de esta mañana/ de por la mañana

_{xià wǔ de bēi zi}
下 午 的 杯 子 La taza de esta tarde / de por la tarde

_{jīn tiān de bēi zi}
今 天 的 杯 子 La taza de hoy

_{zuó tiān de bēi zi}
昨 天 的 杯 子 La taza de ayer

_{míng tiān de bēi zi}
明 天 的 杯 子 La taza de mañana

_{xué xiào de bēi zi}
学 校 的 杯 子 La taza de la escuela

_{zhuō zi shàng de bēi zi}
桌 子 上 的 杯 子 La taza que está encima de la mesa.

LINGÜÍSTICA BÁSICA DEL CHINO MODERNO

wǒ de diàn nǎo
我 的 电 脑　Mi ordenador

nǐ de diàn nǎo
你 的 电 脑　Tu ordenador

tā / tā de diàn nǎo
她 / 他 的 电 脑　Su ordenador

wǒ men de diàn nǎo
我 们 的 电 脑　Nuestro ordenador

nǐ men de diàn nǎo
你 们 的 电 脑　Vuestro ordenador

tā men / tā men de diàn nǎo
她 们 / 他 们 的 电 脑　Su ordenador

bà bà de diàn nǎo
爸 爸 的 电 脑　El ordenador de papá

mā mā de diàn nǎo
妈 妈 的 电 脑　El ordenador de mamá

xiǎo yuè de diàn nǎo
小 月 的 电 脑　El ordenador de Xiao Yue

shàng wǔ de diàn nǎo
上 午 的 电 脑　El ordenador de esta mañana/ de por la mañana

xià wǔ de diàn nǎo
下 午 的 电 脑　El ordenador de esta tarde / de por la tarde

jīn tiān de diàn nǎo
今 天 的 电 脑　El ordenador de hoy

zuó tiān de diàn nǎo
昨 天 的 电 脑　El ordenador de ayer

míng tiān de diàn nǎo
明 天 的 电 脑　El ordenador de mañana

xué xiào de diàn nǎo
学 校 的 电 脑　El ordenador de la escuela

zhuō zi shàng de diàn nǎo
桌 子 上 的 电 脑　El ordenador que está encima de la mesa

yǐ zi hòu miàn de diàn nǎo
椅 子 后 面 的 电 脑　El ordenador que está detrás de la silla.

shàng wǔ de rén
上 午 的 人　La(s) persona(s) de esta mañana/de por la mañana

xià wǔ de rén
下 午 的 人　La(s) persona(s) de esta tarde/de por la tarde

jīn tiān de rén
今 天 的 人　La(s) persona(s) de hoy

zuó tiān de rén
昨 天 的 人　La(s) persona(s) de ayer

míng tiān de rén
明 天 的 人　La(s) persona(s) de mañana

gāo xīng de rén
高 兴 的 人　La(s) persona(s) de contentas/felices

piāo liàng de rén
漂 亮 的 人　La(s) persona(s) de bonitas

xué xiào de rén
学 校 的 人　La(s) persona(s) de la escuela

yǐ zi hòu biān de rén
椅 子 后 边 的 人　La(s) persona(s) de que está(n) detrás de la(s) silla(s)

wǒ de péng yǒu
我 的 朋 友　Mi(s) amigo(s)/amiga(s)

nǐ de péng yǒu
你 的 朋 友　Tu(s) amigo(s)/amiga(s)

tā / tā de péng yǒu
她／他 的 朋 友　Su(s) amigo(s)/amiga(s)

wǒ men de péng yǒu
我 们 的 朋 友　Nuestro(s)/nuestra(s) amigo(s)/amiga(s)

nǐ men de péng yǒu
你 们 的 朋 友　Vuestro(s)/vuestra(s) amigo(s)/amiga(s)

tā men / tā men de péng yǒu
她 们／他 们 的 朋 友　Su(s) amigo(s)/amiga(s)

bà bà de péng yǒu
爸 爸 的 朋 友　El/los/la/las amigo(s)/amiga(s) de papá

mā mā de péng yǒu
妈 妈 的 朋 友　El/los/la/las amigo(s)/amiga(s) de mamá

xiǎo yuè de péng yǒu
小 月 的 朋 友　El/los/la/las amigo(s)/amiga(s) de Xiao Yue

jīn tiān de péng yǒu
今 天 的 朋 友　El/los/la/las amigo(s)/amiga(s) de hoy

zuó tiān de péng yǒu
昨 天 的 朋 友　El/los/la/las amigo(s)/amiga(s) de ayer

míng tiān de péng yǒu
明 天 的 朋 友　El/los/la/las amigo(s)/amiga(s) de mañana

xué xiào de péng yǒu
学 校 的 朋 友　El/los/la/las amigo(s)/amiga(s) de la escuela

wǒ de jiā
我 的 家　Mi(s) casa(s)

nǐ de jiā
你 的 家　Tu(s) casa(s)

tā / tā de jiā
她／他 的 家　Su(s) casa(s)

wǒ men de jiā
我 们 的 家　Nuestra(s) casa(s)

nǐ men de jiā
你 们 的 家　Vuestra(s) casa(s)

tā men / tā men de jiā
她 们／他 们 的 家　Su(s) casa(s)

bà bà de jiā
爸 爸 的 家　La(s) casa(s) de papá

妈妈的家 La(s) casa(s) de mamá

小月的家 La(s) casa(s) de Xiao Yue

上午的家 La(s) casa(s) de esta mañana/ de por la mañana

下午的家 La(s) casa(s) de esta tarde / de por la tarde

今天的家 La(s) casa(s) de hoy

昨天的家 La(s) casa(s) de ayer

明天的家 La(s) casa(s) de mañana

我的钱 Mi dinero

你的钱 Tu dinero

她/他的钱 Su dinero

我们的钱 Nuestro dinero

你们的钱 Vuestro dinero

她们/他们的钱 Su dinero

爸爸的钱 El dinero de papá

妈妈的钱 El dinero de mamá

小月的钱 El dinero de Xiao Yue

上午的钱 El dinero de esta mañana/ de por la mañana

下午的钱 El dinero de esta tarde / de por la tarde

今天的钱 El dinero de hoy

昨天的钱 El dinero de ayer

明天的钱 El dinero de mañana

学校的钱 El dinero de la escuela

桌子上的钱 El dinero que está encima de la mesa.

<ruby>我<rt>wǒ</rt></ruby> <ruby>的<rt>de</rt></ruby> <ruby>商<rt>shāng</rt></ruby> <ruby>店<rt>diàn</rt></ruby> Mi(s) tienda(s)

<ruby>你<rt>nǐ</rt></ruby> <ruby>的<rt>de</rt></ruby> <ruby>商<rt>shāng</rt></ruby> <ruby>店<rt>diàn</rt></ruby> Tu(s) tienda(s)

<ruby>她<rt>tā</rt></ruby>/ <ruby>他<rt>tā</rt></ruby> <ruby>的<rt>de</rt></ruby> <ruby>商<rt>shāng</rt></ruby> <ruby>店<rt>diàn</rt></ruby> Su(s) tienda(s)

<ruby>我<rt>wǒ</rt></ruby> <ruby>们<rt>men</rt></ruby> <ruby>的<rt>de</rt></ruby> <ruby>商<rt>shāng</rt></ruby> <ruby>店<rt>diàn</rt></ruby> Nuestra(s) tienda(s)

<ruby>你<rt>nǐ</rt></ruby> <ruby>们<rt>men</rt></ruby> <ruby>的<rt>de</rt></ruby> <ruby>商<rt>shāng</rt></ruby> <ruby>店<rt>diàn</rt></ruby> Vuestra(s) tienda(s)

<ruby>她<rt>tā</rt></ruby> <ruby>们<rt>men</rt></ruby>/ <ruby>他<rt>tā</rt></ruby> <ruby>们<rt>men</rt></ruby> <ruby>的<rt>de</rt></ruby> <ruby>商<rt>shāng</rt></ruby> <ruby>店<rt>diàn</rt></ruby> Su(s) tienda(s)

<ruby>爸<rt>bà</rt></ruby> <ruby>爸<rt>bà</rt></ruby> <ruby>的<rt>de</rt></ruby> <ruby>商<rt>shāng</rt></ruby> <ruby>店<rt>diàn</rt></ruby> La(s) tienda(s) de papá

<ruby>妈<rt>mā</rt></ruby> <ruby>妈<rt>mā</rt></ruby> <ruby>的<rt>de</rt></ruby> <ruby>商<rt>shāng</rt></ruby> <ruby>店<rt>diàn</rt></ruby> La(s) tienda(s) de mamá

<ruby>小<rt>xiǎo</rt></ruby> <ruby>月<rt>yuè</rt></ruby> <ruby>的<rt>de</rt></ruby> <ruby>商<rt>shāng</rt></ruby> <ruby>店<rt>diàn</rt></ruby> La(s) tienda(s) de Xiao Yue

<ruby>上<rt>shàng</rt></ruby> <ruby>午<rt>wǔ</rt></ruby> <ruby>的<rt>de</rt></ruby> <ruby>商<rt>shāng</rt></ruby> <ruby>店<rt>diàn</rt></ruby> La(s) tienda(s) de esta mañana/ de por la mañana

<ruby>下<rt>xià</rt></ruby> <ruby>午<rt>wǔ</rt></ruby> <ruby>的<rt>de</rt></ruby> <ruby>商<rt>shāng</rt></ruby> <ruby>店<rt>diàn</rt></ruby> La(s) tienda(s) de esta tarde / de por la tarde

<ruby>今<rt>jīn</rt></ruby> <ruby>天<rt>tiān</rt></ruby> <ruby>的<rt>de</rt></ruby> <ruby>商<rt>shāng</rt></ruby> <ruby>店<rt>diàn</rt></ruby> La(s) tienda(s) de hoy

<ruby>昨<rt>zuó</rt></ruby> <ruby>天<rt>tiān</rt></ruby> <ruby>的<rt>de</rt></ruby> <ruby>商<rt>shāng</rt></ruby> <ruby>店<rt>diàn</rt></ruby> La(s) tienda(s) de ayer

<ruby>明<rt>míng</rt></ruby> <ruby>天<rt>tiān</rt></ruby> <ruby>的<rt>de</rt></ruby> <ruby>商<rt>shāng</rt></ruby> <ruby>店<rt>diàn</rt></ruby> La(s) tienda(s) de mañana

<ruby>学<rt>xué</rt></ruby> <ruby>校<rt>xiào</rt></ruby> <ruby>的<rt>de</rt></ruby> <ruby>商<rt>shāng</rt></ruby> <ruby>店<rt>diàn</rt></ruby> La(s) tienda(s) de la escuela.

<ruby>我<rt>wǒ</rt></ruby> <ruby>的<rt>de</rt></ruby> <ruby>水<rt>shuǐ</rt></ruby> Mi agua

<ruby>你<rt>nǐ</rt></ruby> <ruby>的<rt>de</rt></ruby> <ruby>水<rt>shuǐ</rt></ruby> Tu agua

<ruby>她<rt>tā</rt></ruby>/ <ruby>他<rt>tā</rt></ruby> <ruby>的<rt>de</rt></ruby> <ruby>水<rt>shuǐ</rt></ruby> Su agua

<ruby>我<rt>wǒ</rt></ruby> <ruby>们<rt>men</rt></ruby> <ruby>的<rt>de</rt></ruby> <ruby>水<rt>shuǐ</rt></ruby> Nuestra agua

<ruby>你<rt>nǐ</rt></ruby> <ruby>们<rt>men</rt></ruby> <ruby>的<rt>de</rt></ruby> <ruby>水<rt>shuǐ</rt></ruby> Vuestra agua

<ruby>她<rt>tā</rt></ruby> <ruby>们<rt>men</rt></ruby>/ <ruby>他<rt>tā</rt></ruby> <ruby>们<rt>men</rt></ruby> <ruby>的<rt>de</rt></ruby> <ruby>水<rt>shuǐ</rt></ruby> Su agua

<ruby>爸<rt>bà</rt></ruby> <ruby>爸<rt>bà</rt></ruby> <ruby>的<rt>de</rt></ruby> <ruby>水<rt>shuǐ</rt></ruby> El agua de papá

<ruby>妈<rt>mā</rt></ruby> <ruby>妈<rt>mā</rt></ruby> <ruby>的<rt>de</rt></ruby> <ruby>水<rt>shuǐ</rt></ruby> El agua de mamá

小 月 的 水 El agua de Xiao Yue

桌 子 上 的 水 El agua que está encima de la mesa

我 的 书 Mi(s) libro(s)

你 的 书 Tu(s) libro(s)

她 / 他 的 书 Su(s) libro (s)

我 们 的 书 Nuestro(s) libro(s)

你 们 的 书 Vuestro(s) libro(s)

她 们 / 他 们 的 书 Su(s) libro(s)

爸 爸 的 书 El(los) libro(s) de papá

妈 妈 的 书 El(los) libro(s) de mamá

小 月 的 书 El(los) libro(s) de Xiao Yue

上 午 的 书 El(los) libro(s) de esta mañana/ de por la mañana

下 午 的 书 El(los) libro(s) de esta tarde / de por la tarde

今 天 的 书 El(los) libro(s) de hoy

昨 天 的 书 El(los) libro(s) de ayer

明 天 的 书 El(los) libro(s) de mañana

学 校 的 书 El(los) libro(s) de la escuela

桌 子 上 的 书 El(los) libro(s) que está(n) encima de la mesa

上 午 的 天 气 El tiempo de esta mañana/ de por la mañana

下 午 的 天 气 El tiempo de esta tarde / de por la tarde

今 天 的 天 气 El tiempo de hoy

昨 天 的 天 气 El tiempo de ayer

明 天 的 天 气 El tiempo de mañana.

<ruby>我<rt>wǒ</rt></ruby> <ruby>的<rt>de</rt></ruby> <ruby>同<rt>tóng</rt></ruby> <ruby>学<rt>xué</rt></ruby> Mi(s) compañero(a/s)

<ruby>你<rt>nǐ</rt></ruby> <ruby>的<rt>de</rt></ruby> <ruby>同<rt>tóng</rt></ruby> <ruby>学<rt>xué</rt></ruby> Tu(s) compañero(a/s)

<ruby>她<rt>tā</rt></ruby>/<ruby>他<rt>tā</rt></ruby> <ruby>的<rt>de</rt></ruby> <ruby>同<rt>tóng</rt></ruby> <ruby>学<rt>xué</rt></ruby> Su(s) compañero(a/s)

<ruby>我<rt>wǒ</rt></ruby> <ruby>们<rt>men</rt></ruby> <ruby>的<rt>de</rt></ruby> <ruby>同<rt>tóng</rt></ruby> <ruby>学<rt>xué</rt></ruby> Nuestro(a/s) compañero(a/s)

<ruby>你<rt>nǐ</rt></ruby> <ruby>们<rt>men</rt></ruby> <ruby>的<rt>de</rt></ruby> <ruby>同<rt>tóng</rt></ruby> <ruby>学<rt>xué</rt></ruby> Vuestro(a/s) compañero(a/s)

<ruby>她<rt>tā</rt></ruby> <ruby>们<rt>men</rt></ruby>/<ruby>他<rt>tā</rt></ruby> <ruby>们<rt>men</rt></ruby> <ruby>的<rt>de</rt></ruby> <ruby>同<rt>tóng</rt></ruby> <ruby>学<rt>xué</rt></ruby> Su(s) compañero(a/s)

<ruby>爸<rt>bà</rt></ruby> <ruby>爸<rt>bà</rt></ruby> <ruby>的<rt>de</rt></ruby> <ruby>同<rt>tóng</rt></ruby> <ruby>学<rt>xué</rt></ruby> El (los/la/las) compañero(a/s) de papá

<ruby>妈<rt>mā</rt></ruby> <ruby>妈<rt>mā</rt></ruby> <ruby>的<rt>de</rt></ruby> <ruby>同<rt>tóng</rt></ruby> <ruby>学<rt>xué</rt></ruby> El (los/la/las) compañero(a/s) de mamá

<ruby>小<rt>xiǎo</rt></ruby> <ruby>月<rt>yuè</rt></ruby> <ruby>的<rt>de</rt></ruby> <ruby>同<rt>tóng</rt></ruby> <ruby>学<rt>xué</rt></ruby> El (los/la/las) compañero(a/s) de Xiao Yue

<ruby>上<rt>shàng</rt></ruby> <ruby>午<rt>wǔ</rt></ruby> <ruby>的<rt>de</rt></ruby> <ruby>同<rt>tóng</rt></ruby> <ruby>学<rt>xué</rt></ruby> El (los/la/las) compañero(a/s) de esta mañana/ de por la mañana

<ruby>下<rt>xià</rt></ruby> <ruby>午<rt>wǔ</rt></ruby> <ruby>的<rt>de</rt></ruby> <ruby>同<rt>tóng</rt></ruby> <ruby>学<rt>xué</rt></ruby> El (los/la/las) compañero(a/s) de esta tarde / de por la tarde

<ruby>今<rt>jīn</rt></ruby> <ruby>天<rt>tiān</rt></ruby> <ruby>的<rt>de</rt></ruby> <ruby>同<rt>tóng</rt></ruby> <ruby>学<rt>xué</rt></ruby> El (los/la/las) compañero(a/s) de hoy

<ruby>昨<rt>zuó</rt></ruby> <ruby>天<rt>tiān</rt></ruby> <ruby>的<rt>de</rt></ruby> <ruby>同<rt>tóng</rt></ruby> <ruby>学<rt>xué</rt></ruby> El (los/la/las) compañero(a/s) de ayer

<ruby>明<rt>míng</rt></ruby> <ruby>天<rt>tiān</rt></ruby> <ruby>的<rt>de</rt></ruby> <ruby>同<rt>tóng</rt></ruby> <ruby>学<rt>xué</rt></ruby> El (los/la/las) compañero(a/s) de mañana

<ruby>高<rt>gāo</rt></ruby> <ruby>兴<rt>xìng</rt></ruby> <ruby>的<rt>de</rt></ruby> <ruby>同<rt>tóng</rt></ruby> <ruby>学<rt>xué</rt></ruby> El (los/la/las) compañero(a/s) contento(a/s)

<ruby>漂<rt>piāo</rt></ruby> <ruby>亮<rt>liàng</rt></ruby> <ruby>的<rt>de</rt></ruby> <ruby>同<rt>tóng</rt></ruby> <ruby>学<rt>xué</rt></ruby> El (los/la/las) compañero(a/s) bonito(a/s)

<ruby>学<rt>xué</rt></ruby> <ruby>校<rt>xiào</rt></ruby> <ruby>的<rt>de</rt></ruby> <ruby>同<rt>tóng</rt></ruby> <ruby>学<rt>xué</rt></ruby> El (los/la/las) compañero(a/s) de la escuela

<ruby>我<rt>wǒ</rt></ruby> <ruby>的<rt>de</rt></ruby> <ruby>学<rt>xué</rt></ruby> <ruby>生<rt>shēng</rt></ruby> Mi(s) estudiante(s)

<ruby>你<rt>nǐ</rt></ruby> <ruby>的<rt>de</rt></ruby> <ruby>学<rt>xué</rt></ruby> <ruby>生<rt>shēng</rt></ruby> Tu(s) estudiante(s)

<ruby>她<rt>tā</rt></ruby>/<ruby>他<rt>tā</rt></ruby> <ruby>的<rt>de</rt></ruby> <ruby>学<rt>xué</rt></ruby> <ruby>生<rt>shēng</rt></ruby> Su(s) estudiante(s)

<ruby>我<rt>wǒ</rt></ruby> <ruby>们<rt>men</rt></ruby> <ruby>的<rt>de</rt></ruby> <ruby>学<rt>xué</rt></ruby> <ruby>生<rt>shēng</rt></ruby> Nuestro(a/s) estudiante(s)

<ruby>你<rt>nǐ</rt></ruby> <ruby>们<rt>men</rt></ruby> <ruby>的<rt>de</rt></ruby> <ruby>学<rt>xué</rt></ruby> <ruby>生<rt>shēng</rt></ruby> Vuestro(a/s) estudiante(s)

<ruby>她<rt>tā</rt></ruby> <ruby>们<rt>men</rt></ruby>/<ruby>他<rt>tā</rt></ruby> <ruby>们<rt>men</rt></ruby> <ruby>的<rt>de</rt></ruby> <ruby>学<rt>xué</rt></ruby> <ruby>生<rt>shēng</rt></ruby> Su(s) estudiante(s)

^{bà bà de xué shēng}
爸 爸 的 学 生 El (los/la/las) estudiante(s) de papá

^{mā mā de xué shēng}
妈 妈 的 学 生 El (los/la/las) estudiante(s) de mamá

^{xiǎo yuè de xué shēng}
小 月 的 学 生 El (los/la/las) estudiante(s) de Xiao Yue

^{shàng wǔ de xué shēng}
上 午 的 学 生 El (los/la/las) estudiante(s) de esta mañana/ de por la mañana

^{xià wǔ de xué shēng}
下 午 的 学 生 El (los/la/las) estudiante(s) de esta tarde / de por la tarde

^{jīn tiān de xué shēng}
今 天 的 学 生 El (los/la/las) estudiante(s) de hoy

^{zuó tiān de xué shēng}
昨 天 的 学 生 El (los/la/las) estudiante(s) de ayer

^{míng tiān de xué shēng}
明 天 的 学 生 El (los/la/las) estudiante(s) de mañana

^{gāo xìng de xué shēng}
高 兴 的 学 生 El (los/la/las) estudiante(s) contento(a/s)

^{piāo liàng de xué shēng}
漂 亮 的 学 生 El (los/la/las) estudiante(s) bonito(a/s)

^{xué xiào de xué shēng}
学 校 的 学 生 El (los/la/las) estudiante(s) de la escuela

^{wǒ de yī fú}
我 的 衣 服 Mi ropa

^{nǐ de yī fú}
你 的 衣 服 Tu ropa

^{tā / tā de yī fú}
她 / 他 的 衣 服 Su ropa

^{wǒ men de yī fú}
我 们 的 衣 服 Nuestra ropa

^{nǐ men de yī fú}
你 们 的 衣 服 Vuestra ropa

^{tā men / tā men de yī fú}
她 们 / 他 们 的 衣 服 Su ropa

^{bà bà de yī fú}
爸 爸 的 衣 服 La ropa de papá

^{mā mā de yī fú}
妈 妈 的 衣 服 La ropa de mamá

^{xiǎo yuè de yī fú}
小 月 的 衣 服 La ropa de Xiao Yue

^{shàng wǔ de yī fú}
上 午 的 衣 服 La ropa de esta mañana/ de por la mañana

^{xià wǔ de yī fú}
下 午 的 衣 服 La ropa de esta tarde / de por la tarde

^{jīn tiān de yī fú}
今 天 的 衣 服 La ropa de hoy

^{zuó} ^{tiān} ^{de} ^{yī} ^{fú}
昨 天 的 衣 服 La ropa de ayer

^{míng} ^{tiān} ^{de} ^{yī} ^{fú}
明 天 的 衣 服 La ropa de mañana

^{piāo} ^{liàng} ^{de} ^{yī} ^{fú}
漂 亮 的 衣 服 La ropa bonita

^{xué} ^{xiào} ^{de} ^{yī} ^{fú}
学 校 的 衣 服 La ropa de la escuela

^{zhuō} ^{zi} ^{shàng} ^{de} ^{shū}
桌 子 上 的 书 La ropa que está encima de la mesa

^{yǐ} ^{zi} ^{hòu} ^{biān} ^{de} ^{yī} ^{fú}
椅 子 后 边 的 衣 服 La ropa de que está detrás de la(s) silla(s)

^{wǒ} ^{de} ^{yī} ^{shēng}
我 的 医 生 Mi(s) doctor(a/es/as)

^{nǐ} ^{de} ^{yī} ^{shēng}
你 的 医 生 Tu(s) doctor(a/es/as)

^{tā} ^{tā} ^{de} ^{yī} ^{shēng}
她／他 的 医 生 Su(s) doctor(a/es/as)

^{wǒ} ^{men} ^{de} ^{yī} ^{shēng}
我 们 的 医 生 Nuestro(a/s) doctor(a/es/as)

^{nǐ} ^{men} ^{de} ^{yī} ^{shēng}
你 们 的 医 生 Vuestro(a/s) doctor(a/es/as)

^{tā} ^{men} ^{tā} ^{men} ^{de} ^{yī} ^{shēng}
她 们／他 们 的 医 生 Su(s) doctor(a/es/as)

^{bà} ^{bà} ^{de} ^{yī} ^{shēng}
爸 爸 的 医 生 El (los/la/las) doctor(a/es/as) de papá

^{mā} ^{mā} ^{de} ^{yī} ^{shēng}
妈 妈 的 医 生 El (los/la/las) doctor(a/es/as) de mamá

^{xiǎo} ^{yuè} ^{de} ^{yī} ^{shēng}
小 月 的 医 生 El (los/la/las) doctor(a/es/as) de Xiao Yue

^{shàng} ^{wǔ} ^{de} ^{yī} ^{shēng}
上 午 的 医 生 El (los/la/las) doctor(a/es/as) de esta mañana/ de por la mañana

^{xià} ^{wǔ} ^{de} ^{yī} ^{shēng}
下 午 的 医 生 El (los/la/las) doctor(a/es/as) de esta tarde / de por la tarde

^{jīn} ^{tiān} ^{de} ^{yī} ^{shēng}
今 天 的 医 生 El (los/la/las) doctor(a/es/as) de hoy

^{zuó} ^{tiān} ^{de} ^{yī} ^{shēng}
昨 天 的 医 生 El (los/la/las) doctor(a/es/as) de ayer

^{míng} ^{tiān} ^{de} ^{yī} ^{shēng}
明 天 的 医 生 El (los/la/las) doctor(a/es/as) de mañana

^{gāo} ^{xīng} ^{de} ^{yī} ^{shēng}
高 兴 的 医 生 El (los/la/las) doctor(a/es/as) contento(a/s)

^{piāo} ^{liàng} ^{de} ^{yī} ^{shēng}
漂 亮 的 医 生 El (los/la/las) doctor(a/es/as) bonito(a/s)

^{xué} ^{xiào} ^{de} ^{yī} ^{shēng}
学 校 的 医 生 El (los/la/las) doctor(a/es/as) de la escuela

^{wǒ} ^{de} ^{yǐ} ^{zi}
我 的 椅 子 Mi(s) silla(s)

^{nǐ} ^{de} ^{yǐ} ^{zi}
你 的 椅 子 Tu(s) silla(s)

^{tā} ^{tā} ^{de} ^{yǐ} ^{zi}
她／他 的 椅 子 Su(s) silla(s)

^{wǒ} ^{men} ^{de} ^{yǐ} ^{zi}
我 们 的 椅 子 Nuestra(s) silla(s)

^{nǐ} ^{men} ^{de} ^{yǐ} ^{zi}
你 们 的 椅 子 Vuestra(s) silla(s)

^{tā} ^{men} ^{tā} ^{men} ^{de} ^{yǐ} ^{zì}
她 们／他 们 的 椅 子 Su(s) silla(s)

^{bà} ^{bà} ^{de} ^{yǐ} ^{zì}
爸 爸 的 椅 子 La(s) silla(s) de papá

^{mā} ^{mā} ^{de} ^{yǐ} ^{zì}
妈 妈 的 椅 子 La(s) silla(s) de mamá

^{xiǎo} ^{yuè} ^{de} ^{yǐ} ^{zì}
小 月 的 椅 子 La(s) silla(s) de Xiao Yue

^{xué} ^{xiào} ^{de} ^{yǐ} ^{zì}
学 校 的 椅 子 La(s) silla(s) de la escuela

^{zhuō} ^{zi} ^{shàng} ^{de} ^{yǐ} ^{zì}
桌 子 上 的 椅 子 La(s) silla(s) que está(n) encima de la mesa

^{wǒ} ^{de} ^{dà} ^{xué}
我 的 大 学 Mi(s) universidad(es)

^{nǐ} ^{de} ^{dà} ^{xué}
你 的 大 学 Tu(s) universidad(es)

^{tā} ^{tā} ^{de} ^{dà} ^{xué}
她／他 的 大 学 Su(s) universidad(es)

^{wǒ} ^{men} ^{de} ^{dà} ^{xué}
我 们 的 大 学 Nuestra(s) universidad(es)

^{nǐ} ^{men} ^{de} ^{dà} ^{xué}
你 们 的 大 学 Vuestra(s) universidad(es)

^{tā} ^{men} ^{tā} ^{men} ^{de} ^{dà} ^{xué}
她 们／他 们 的 大 学 Su(s) universidad(es)

^{bà} ^{bà} ^{de} ^{dà} ^{xué}
爸 爸 的 大 学 La(s) universidad(es) de papá

^{mā} ^{mā} ^{de} ^{dà} ^{xué}
妈 妈 的 大 学 La(s) universidad(es) de mamá

^{xiǎo} ^{yuè} ^{de} ^{dà} ^{xué}
小 月 的 大 学 La(s) universidad(es)de Xiao Yue

^{wǒ} ^{de} ^{hàn} ^{zì}
我 的 汉 字 Mi(s) carácter(es)

^{nǐ} ^{de} ^{hàn} ^{zì}
你 的 汉 字 Tu(s) carácter(es)

^{tā} ^{tā} ^{de} ^{hàn} ^{zì}
她／他 的 汉 字 Su(s) carácter(es)

^{wǒ} ^{men} ^{de} ^{hàn} ^{zì}
我 们 的 汉 字 Nuestro(s) carácter(es)

^{nǐ} ^{men} ^{de} ^{hàn} ^{zì}
你 们 的 汉 字 Vuestro(s) carácter(es)

^{tā} ^{men} ^{tā} ^{men} ^{de} ^{hàn} ^{zì}
她 们 / 他 们 的 汉 字 Su(s) carácter(es)

^{bà} ^{bà} ^{de} ^{hàn} ^{zì}
爸 爸 的 汉 字 El(los) carácter(es) de papá

^{mā} ^{mā} ^{de} ^{hàn} ^{zì}
妈 妈 的 汉 字 El(los) carácter(es) de mamá

^{xiǎo} ^{yuè} ^{de} ^{hàn} ^{zì}
小 月 的 汉 字 El(los) carácter(es) de Xiao Yue

^{shàng} ^{wǔ} ^{de} ^{hàn} ^{zì}
上 午 的 汉 字 El(los) carácter(es) de esta mañana/ de por la mañana

^{xià} ^{wǔ} ^{de} ^{hàn} ^{zì}
下 午 的 汉 字 El(los) carácter(es) de esta tarde / de por la tarde

^{jīn} ^{tiān} ^{de} ^{hàn} ^{zì}
今 天 的 汉 字 El(los) carácter(es) de hoy

^{zuó} ^{tiān} ^{de} ^{hàn} ^{zì}
昨 天 的 汉 字 El(los) carácter(es) de ayer

^{míng} ^{tiān} ^{de} ^{hàn} ^{zì}
明 天 的 汉 字 El(los) carácter(es) de mañana

^{piāo} ^{liàng} ^{de} ^{hàn} ^{zì}
漂 亮 的 汉 字 El(los) carácter(es) bonito(a/s)

^{xué} ^{xiào} ^{de} ^{hàn} ^{zì}
学 校 的 汉 字 El(los) carácter(es) de la escuela

^{wǒ} ^{xiě} ^{de} ^{hàn} ^{zì}
我 写 的 汉 字 El(los) carácter(es) que he escrito

^{wǒ} ^{de} ^{shuǐ} ^{quǒ}
我 的 水 果 Mi fruta

^{nǐ} ^{de} ^{shuǐ} ^{quǒ}
你 的 水 果 Tu fruta

^{tā} ^{tā} ^{de} ^{shuǐ} ^{quǒ}
她 / 他 的 水 果 Su fruta

^{wǒ} ^{men} ^{de} ^{shuǐ} ^{quǒ}
我 们 的 水 果 Nuestra fruta

^{nǐ} ^{men} ^{de} ^{shuǐ} ^{quǒ}
你 们 的 水 果 Vuestra fruta

^{tā} ^{men} ^{tā} ^{men} ^{de} ^{shuǐ} ^{quǒ}
她 们 / 他 们 的 水 果 Su fruta

^{bà} ^{bà} ^{de} ^{shuǐ} ^{quǒ}
爸 爸 的 水 果 La fruta de papá

^{mā} ^{mā} ^{de} ^{shuǐ} ^{quǒ}
妈 妈 的 水 果 La fruta de mamá

^{xiǎo} ^{yuè} ^{de} ^{shuǐ} ^{quǒ}
小 月 的 水 果 La fruta de Xiao Yue

shàng wǔ de shuǐ guǒ
上 午 的 水 果 La fruta de esta mañana/ de por la mañana

xià wǔ de shuǐ guǒ
下 午 的 水 果 La fruta de esta tarde / de por la tarde

jīn tiān de shuǐ guǒ
今 天 的 水 果 La fruta de hoy

zuó tiān de shuǐ guǒ
昨 天 的 水 果 La fruta de ayer

míng tiān de shuǐ guǒ
明 天 的 水 果 La fruta de mañana

piāo liàng de shuǐ guǒ
漂 亮 的 水 果 La fruta bonita

xué xiào de shuǐ guǒ
学 校 的 水 果 La fruta de la escuela

3. Traduce al chino las siguientes palabras y locuciones

gāo xìng de rén
Las personas felices: 高 兴 的 人

mā mā de gōng zuò
El trabajo de mamá: 妈 妈 的 工 作

bà bà de bèi zi
La taza de papá: 爸 爸 的 被 子

wǒ de cài
Mi plato (de comida): 我 的 菜

jīn tiān de diàn yǐng
La película de hoy: 今 天 的 电 影

míng tiān de xué shēng
Los estudiantes de mañana: 明 天 的 学 生

wǒ kàn le de shū
El libro que yo he leído: 我 看 了 的 书

lěng shuǐ
Agua fría: 冷 水

zhuō zi shàng de diàn shì
La televisión que está encima de la mesa: 桌 子 上 的 电 视

nǐ de yī fú
Tu ropa: 你 的 衣 服

4. Coloca las palabras en el orden correcto y después tradúcelas al español

hěn / lǐ lǎo shī / gāo xìng   lǐ lǎo shī hěn gāo xìng
很 / 李 老 师 / 高 兴   李 老 师 很 高 兴 。   Trad.: El profesor Li está muy contento.

rè / le / xiàn zài / tài   xiàn zài tài rè le
热 / 了 / 现 在 / 太   现 在 太 热 了 。   Trad.: Ahora hace demasiado calor.

dà / běi jīng dà xué / hěn
大 / 北 京 大 学 / 很　　běi jīng dà xué hěn dà
北 京 大 学 很 大。　Trad.: La Universidad de
Pekín es muy grande.

wáng yī shēng / piāo liàng / hěn
王 医 生 / 漂 亮 / 很　　wáng yī shēng hěn piāo liàng
王 医 生 很 漂 亮。　Trad.: La doctora Wang es
muy guapa.

tài / le / shǎo / diàn yǐng yuàn
太 / 了 / 少 / 电 影 院　　diàn yǐng yuàn tài shǎo le
电 影 院 太 少 了。　Trad.: Los cines son dema-
siados pocos.

5. Crea las preguntas correspondientes a estas afirmaciones usando la partícula
ma
吗 y después tradúcelas al español

1. mā mā zài fàn diàn
妈 妈 在 饭 店。 → mā mā zài fàn diàn ma
妈 妈 在 饭 店 吗? Trad.: ¿Mamá está en el
restaurante?

2. nǐ xǐ huān kàn shū
你 喜 欢 看 书。 → nǐ xǐ huān kàn shū ma
你 喜 欢 看 书 吗? Trad.: ¿Te gusta leer?

3. bà bà hē shuǐ
爸 爸 喝 水。 → bà bà hē shuǐ ma
爸 爸 喝 水 吗? Trad.: ¿Papá toma agua?

4. tā zuó tiān kàn jiàn wǒ
他 昨 天 看 见 我。 → tā zuó tiān kàn jiàn wǒ ma
他 昨 天 看 见 我 吗? Trad.: ¿Él ayer me
vio?

5. yī yuàn hěn shǎo
医 院 很 少。 → yī yuàn hěn shǎo ma
医 院 很 少 吗? Trad.: ¿Los hospitales son muy
pocos?

6. Contesta a las siguientes preguntas según tu situación y gustos. Puedes contestar con shì是 (sí), bù shì不 是 (no), xǐ huān喜 欢 (me gusta), bù xǐ huān不 喜 欢 (no me gusta).

1. nǐ xǐ huān xué xí hàn yǔ ma
你 喜 欢 学 习 汉 语 吗? 　　shì bù shì xǐ huān bù xǐ huān
是 / 不 是 / 喜 欢 / 不 喜 欢

2. nǐ xǐ huān xué xí hàn zì ma
你 喜 欢 学 习 汉 字 吗? 　　shì bù shì xǐ huān bù xǐ huān
是 / 不 是 / 喜 欢 / 不 喜 欢

3. nǐ xǐ huān mǎi yī fú ma
你 喜 欢 买 衣 服 吗? 　　shì bù shì xǐ huān bù xǐ huān
是 / 不 是 / 喜 欢 / 不 喜 欢

4. nǐ xǐ huān kàn shū ma
你 喜 欢 看 书 吗? 　　shì bù shì xǐ huān bù xǐ huān
是 / 不 是 / 喜 欢 / 不 喜 欢

5. nǐ xǐ huān kàn diàn yǐng ma
你 喜 欢 看 电 影 吗? 　　shì bù shì xǐ huān bù xǐ huān
是 / 不 是 / 喜 欢 / 不 喜 欢

7. Contesta a las siguientes preguntas según tu situación y gustos

1. zhè lǐ hěn lěng
这 里 很 冷。 nà lǐ ne那 里 呢? 　　hěn lěng bù lěng
很 冷 / 不 冷。

2. wǒ hěn lěng
我 很 冷, nǐ ne你 呢? 　　wǒ hěn lěng wǒ bù lěng
我 很 冷 / 我 不 冷。

3. wǒ èr shí wǔ suì
我 二 十 五 岁。 nǐ ne你 呢? 　　wǒ èr shí sān suì
我 二 十 三 岁。

4. 我在家。你呢？   我在学校。
(wǒ zài jiā。nǐ ne?)   (wǒ zài xué xiào。)

5. 我会开车。你呢？   我会开车/我不会开车。
(wǒ huì kāi chē。nǐ ne?)   (wǒ huì kāi chē/wǒ bù huì kāi chē。)

8. Traduce las siguientes frases al español prestando atención al uso de 没 (méi) y 了 (le)

1. 你喝了什么？   ¿Qué bebiste?
(nǐ hē le shén me?)

2. 我没写汉字。   No escribí caracteres chinos.
(wǒ méi xiě hàn zì。)

3. 昨天没下雨。   Ayer no llovió.
(zuó tiān méi xià yǔ。)

4. 我买了衣服。   Yo compré ropa.
(wǒ mǎi le yī fú。)

5. 他去了饭店。   Él se fue al restaurante.
(tā qù le fàn diàn。)

6. 我没看电影。   Yo no vi una película.
(wǒ méi kàn diàn yǐng。)

Ejercicios sección 5.4

1. Indica el tipo de predicado que se encuentra en las siguientes oraciones: nominal (N), adjetival (A) o verbal (V).

1. 我喜欢喝茶。   (V)
(wǒ xǐ huān hē chá。)

2. 小李三十六岁。   (N)
(xiǎo lǐ sān shí liù suì。)

3. 今天很冷。   (A)
(jīn tiān hěn lěng。)

4. 今天星期一。   (N)
(jīn tiān xīng qī yī。)

5. 她很不高兴。   (A)
(tā hěn bù gāo xīng。)

6. 小王学车。   (V)
(xiǎo wáng xué chē。)

7. 明天回家。   (V)
(míng tiān huí jiā。)

Ejercicios sección 5.5

1. Traduce las siguientes oraciones al chino.

1. Encima de la silla hay un gato.   Trad.: 桌子上有（一只）猫。
(zhuō zi shàng yǒu (yī zhǐ) māo。)

2. En la escuela no hay libros.   Trad.: 学校里没有书。
(xué xiào lǐ méi yǒu shū。)

3. En el restaurante hay té.　　　Trad.: 饭店里有茶。

4. En la taza hay agua.　　　　　Trad.: 杯子里有水。

5. En el cine hay mucha gente.　　Trad.: 电影院里有很多
　　　　　　　　　　　　　　　　　　　　人。

Ejercicios sección 5.8

1. Traduce al chino las siguientes preguntas.

1. ¿Qué te gusta hacer?　　　Trad.: 你喜欢做什么？

2. ¿Qué quieres beber?　　　　Trad.: 你想喝什么？

3. ¿Qué queremos escribir?　　Trad.: 我们想些什么？

4. ¿Qué has comprado?　　　　Trad.: 你买了什么？

5. ¿Qué leen ellas?　　　　　Trad.: 她们看（读）什么？

2. Completa las siguientes oraciones con 几 *o* 多少 según cuanto explicado. Después traduce las preguntas al español.

1. 王老师有多少书？　　　Trad.: ¿Cuántos libros tiene el profesor Wang?

2. 你吃了几块水果？　　　Trad.: ¿Cuántos trozos de fruta te has comido?

3. 你的大学有多少汉语老师？　　Trad: ¿Cuántos profesores de chino tiene tu universidad?

4. 妈妈看了几本书？　　　Trad.: ¿Cuántos libros ha leído mamá?

5. 多少医生在医院？　　　Trad.: ¿Cuántos médicos hay en el hospital?

6. 几个人去？　　　　　　Trad.: ¿Cuántas personas van?

7. 这里有多少椅子？　　　Trad.: ¿Cuántas sillas hay aquí?

3. Usa los siguientes pronombres interrogativos para completar correctamente las siguientes oraciones: 谁、哪儿、哪、几、多少、多。

1. 爸爸多大？

2. 今天有多少个人学生？

3. <ruby>谁<rt>shéi</rt></ruby><ruby>会<rt>huì</rt></ruby><ruby>开<rt>kāi</rt></ruby><ruby>车<rt>chē</rt></ruby>？

4. <ruby>你<rt>nǐ</rt></ruby><ruby>在<rt>zài</rt></ruby><ruby>哪<rt>nǎ</rt></ruby><ruby>儿<rt>ér</rt></ruby><ruby>学<rt>xué</rt></ruby><ruby>车<rt>chē</rt></ruby>？

5. <ruby>哪<rt>nǎ</rt></ruby><ruby>个<rt>gè</rt></ruby><ruby>杯<rt>bēi</rt></ruby><ruby>子<rt>zi</rt></ruby><ruby>是<rt>shì</rt></ruby><ruby>我<rt>wǒ</rt></ruby><ruby>的<rt>de</rt></ruby>？

6. <ruby>他<rt>tā</rt></ruby><ruby>们<rt>men</rt></ruby><ruby>想<rt>xiǎng</rt></ruby><ruby>去<rt>qù</rt></ruby><ruby>哪<rt>nǎ</rt></ruby><ruby>儿<rt>ér</rt></ruby>？

4. ¿Cuál es la pregunta para estas respuestas?

1. Respuesta: <ruby>妈<rt>mā</rt></ruby><ruby>妈<rt>mā</rt></ruby><ruby>不<rt>bù</rt></ruby><ruby>会<rt>huì</rt></ruby><ruby>开<rt>kāi</rt></ruby><ruby>车<rt>chē</rt></ruby>。　Pregunta: <ruby>妈<rt>mā</rt></ruby><ruby>妈<rt>mā</rt></ruby><ruby>不<rt>bù</rt></ruby><ruby>会<rt>huì</rt></ruby><ruby>开<rt>kāi</rt></ruby><ruby>车<rt>chē</rt></ruby><ruby>吗<rt>ma</rt></ruby>？

2. Respuesta: <ruby>我<rt>wǒ</rt></ruby><ruby>想<rt>xiǎng</rt></ruby><ruby>喝<rt>hē</rt></ruby><ruby>茶<rt>chá</rt></ruby>。　Pregunta: <ruby>你<rt>nǐ</rt></ruby><ruby>想<rt>xiǎng</rt></ruby><ruby>喝<rt>hē</rt></ruby><ruby>什<rt>shén</rt></ruby><ruby>么<rt>me</rt></ruby>？

3. Respuesta: <ruby>她<rt>tā</rt></ruby><ruby>们<rt>men</rt></ruby><ruby>在<rt>zài</rt></ruby><ruby>北<rt>běi</rt></ruby><ruby>京<rt>jīng</rt></ruby>。　Pregunta: <ruby>她<rt>tā</rt></ruby><ruby>们<rt>men</rt></ruby><ruby>在<rt>zài</rt></ruby><ruby>哪<rt>nǎ</rt></ruby><ruby>儿<rt>ér</rt></ruby>？

4. Respuesta: <ruby>今<rt>jīn</rt></ruby><ruby>天<rt>tiān</rt></ruby><ruby>很<rt>hěn</rt></ruby><ruby>冷<rt>lěng</rt></ruby>。　Pregunta: <ruby>今<rt>jīn</rt></ruby><ruby>天<rt>tiān</rt></ruby><ruby>怎<rt>zěn</rt></ruby><ruby>么<rt>me</rt></ruby><ruby>样<rt>yàng</rt></ruby>？

5. Respuesta: <ruby>王<rt>wáng</rt></ruby><ruby>医<rt>yī</rt></ruby><ruby>生<rt>shēng</rt></ruby><ruby>不<rt>bù</rt></ruby><ruby>是<rt>shì</rt></ruby><ruby>中<rt>zhōng</rt></ruby><ruby>国<rt>guó</rt></ruby><ruby>人<rt>rén</rt></ruby>。　Pregunta: <ruby>王<rt>wáng</rt></ruby><ruby>医<rt>yī</rt></ruby><ruby>生<rt>shēng</rt></ruby>
<ruby>不<rt>bù</rt></ruby><ruby>是<rt>shì</rt></ruby><ruby>中<rt>zhōng</rt></ruby><ruby>国<rt>guó</rt></ruby><ruby>人<rt>rén</rt></ruby>
<ruby>吗<rt>ma</rt></ruby>？

6. Respuesta: <ruby>我<rt>wǒ</rt></ruby><ruby>在<rt>zài</rt></ruby><ruby>大<rt>dà</rt></ruby><ruby>学<rt>xué</rt></ruby><ruby>工<rt>gōng</rt></ruby><ruby>作<rt>zuò</rt></ruby>。　Pregunta: <ruby>我<rt>wǒ</rt></ruby><ruby>在<rt>zài</rt></ruby><ruby>哪<rt>nǎ</rt></ruby><ruby>儿<rt>ér</rt></ruby><ruby>工<rt>gōng</rt></ruby><ruby>作<rt>zuò</rt></ruby>？

7. Respuesta: <ruby>她<rt>tā</rt></ruby><ruby>们<rt>men</rt></ruby><ruby>在<rt>zài</rt></ruby><ruby>大<rt>dà</rt></ruby><ruby>学<rt>xué</rt></ruby><ruby>学<rt>xué</rt></ruby><ruby>习<rt>xí</rt></ruby><ruby>汉<rt>hàn</rt></ruby><ruby>语<rt>yǔ</rt></ruby>。　Pregunta: <ruby>她<rt>tā</rt></ruby><ruby>们<rt>men</rt></ruby>
<ruby>在<rt>zài</rt></ruby><ruby>大<rt>dà</rt></ruby><ruby>学<rt>xué</rt></ruby><ruby>学<rt>xué</rt></ruby><ruby>习<rt>xí</rt></ruby>
<ruby>什<rt>shén</rt></ruby><ruby>么<rt>me</rt></ruby>？

8. Respuesta: <ruby>她<rt>tā</rt></ruby><ruby>们<rt>men</rt></ruby><ruby>坐<rt>zuò</rt></ruby><ruby>飞<rt>fēi</rt></ruby><ruby>机<rt>jī</rt></ruby><ruby>回<rt>huí</rt></ruby><ruby>来<rt>lái</rt></ruby>。　Pregunta: <ruby>她<rt>tā</rt></ruby><ruby>们<rt>men</rt></ruby><ruby>怎<rt>zěn</rt></ruby><ruby>么<rt>me</rt></ruby><ruby>回<rt>huí</rt></ruby><ruby>来<rt>lái</rt></ruby>？

Ejercicios sección 5.12

1. Índica cuándo <ruby>在<rt>zài</rt></ruby> es preposición (P) y cuando es verbo (V) y luego tradúcelas al español.

1. <ruby>她<rt>tā</rt></ruby><ruby>们<rt>men</rt></ruby><ruby>在<rt>zài</rt></ruby><ruby>中<rt>zhōng</rt></ruby><ruby>国<rt>guó</rt></ruby><ruby>学<rt>xué</rt></ruby><ruby>习<rt>xí</rt></ruby><ruby>汉<rt>hàn</rt></ruby><ruby>语<rt>yǔ</rt></ruby>。　(P)　Trad.: Ellas estudian chino en China.

2. <ruby>小<rt>xiǎo</rt></ruby><ruby>月<rt>yuè</rt></ruby><ruby>在<rt>zài</rt></ruby><ruby>大<rt>dà</rt></ruby><ruby>学<rt>xué</rt></ruby>。　(V)　Trad.: Xiao Yue está en la universidad.

3. <ruby>老<rt>lǎo</rt></ruby><ruby>师<rt>shī</rt></ruby><ruby>在<rt>zài</rt></ruby><ruby>家<rt>jiā</rt></ruby><ruby>学<rt>xué</rt></ruby><ruby>习<rt>xí</rt></ruby>。　(P)　Trad.: La profesora estudia en casa.

4. <ruby>小<rt>xiǎo</rt></ruby> <ruby>李<rt>lǐ</rt></ruby> <ruby>在<rt>zài</rt></ruby> <ruby>电<rt>diàn</rt></ruby> <ruby>影<rt>yǐng</rt></ruby> <ruby>院<rt>yuàn</rt></ruby> <ruby>工<rt>gōng</rt></ruby> <ruby>作<rt>zuò</rt></ruby>。 (P) Trad.: Xiao Li trabaja en el cine.

5. <ruby>王<rt>wáng</rt></ruby> <ruby>医<rt>yī</rt></ruby> <ruby>生<rt>shēng</rt></ruby> <ruby>在<rt>zài</rt></ruby> <ruby>中<rt>zhōng</rt></ruby> <ruby>国<rt>guó</rt></ruby> <ruby>工<rt>gōng</rt></ruby> <ruby>作<rt>zuò</rt></ruby>。 (P) Trad.: La doctora Wang trabaja en China.

2. Traduce al chino las siguientes oraciones.

1. Papá sabe cocinar. Trad.: <ruby>爸<rt>bà</rt></ruby> <ruby>爸<rt>bà</rt></ruby> <ruby>会<rt>huì</rt></ruby> <ruby>做<rt>zuò</rt></ruby> <ruby>饭<rt>fàn</rt></ruby>。

2. Los estudiantes saben escribir caracteres chinos.   Trad.: <ruby>学<rt>xué</rt></ruby> <ruby>生<rt>shēng</rt></ruby> <ruby>会<rt>huì</rt></ruby> <ruby>写<rt>xiě</rt></ruby> <ruby>汉<rt>hàn</rt></ruby> <ruby>字<rt>zì</rt></ruby>。

3. ¿Sabes conducir? Trad.: <ruby>你<rt>nǐ</rt></ruby> <ruby>会<rt>huì</rt></ruby> <ruby>开<rt>kāi</rt></ruby> <ruby>车<rt>chē</rt></ruby> <ruby>吗<rt>ma</rt></ruby>？

4. Ella sabe leer los caracteres chinos. Trad.: <ruby>它<rt>tā</rt></ruby> <ruby>会<rt>huì</rt></ruby> <ruby>读<rt>dú</rt></ruby> <ruby>汉<rt>hàn</rt></ruby> <ruby>字<rt>zì</rt></ruby> <ruby>吗<rt>ma</rt></ruby>？

3. Escribe las siguientes fechas en chino.

1. 31 de diciembre de 1996. Trad.: 1996<ruby>年<rt>nián</rt></ruby> <ruby>十<rt>shí</rt></ruby> <ruby>二<rt>èr</rt></ruby> <ruby>月<rt>yuè</rt></ruby> <ruby>三<rt>sān</rt></ruby> <ruby>十<rt>shí</rt></ruby> <ruby>一<rt>yī</rt></ruby> <ruby>号<rt>hào</rt></ruby> / <ruby>日<rt>rì</rt></ruby>

2. 22 de julio de 2012.   Trad.: 2012<ruby>年<rt>nián</rt></ruby> <ruby>七<rt>qī</rt></ruby> <ruby>月<rt>yuè</rt></ruby> <ruby>二<rt>èr</rt></ruby> <ruby>十<rt>shí</rt></ruby> <ruby>二<rt>èr</rt></ruby> <ruby>号<rt>hào</rt></ruby> / <ruby>日<rt>rì</rt></ruby>

3. 28 de marzo de 1959.   Trad.: 1959<ruby>年<rt>nián</rt></ruby> <ruby>三<rt>sān</rt></ruby> <ruby>月<rt>yuè</rt></ruby> <ruby>二<rt>èr</rt></ruby> <ruby>十<rt>shí</rt></ruby> <ruby>八<rt>bā</rt></ruby> <ruby>号<rt>hào</rt></ruby> / <ruby>日<rt>rì</rt></ruby>

4. 7 de enero de 2009.   Trad.: 2009<ruby>年<rt>nián</rt></ruby> <ruby>一<rt>yī</rt></ruby> <ruby>月<rt>yuè</rt></ruby> <ruby>七<rt>qī</rt></ruby> <ruby>号<rt>hào</rt></ruby> / <ruby>日<rt>rì</rt></ruby>

5. 25 de abril de 2018.   Trad.: 2018<ruby>年<rt>nián</rt></ruby> <ruby>四<rt>sì</rt></ruby> <ruby>月<rt>yuè</rt></ruby> <ruby>二<rt>èr</rt></ruby> <ruby>十<rt>shí</rt></ruby> <ruby>五<rt>wǔ</rt></ruby> <ruby>号<rt>hào</rt></ruby> / <ruby>日<rt>rì</rt></ruby>

4. Escribe los días de la semana en chino.

1. Lunes <ruby>星<rt>xīng</rt></ruby> <ruby>期<rt>qī</rt></ruby> <ruby>一<rt>yī</rt></ruby>

2. Martes <ruby>星<rt>xīng</rt></ruby> <ruby>期<rt>qī</rt></ruby> <ruby>二<rt>èr</rt></ruby>

3. Miércoles <ruby>星<rt>xīng</rt></ruby> <ruby>期<rt>qī</rt></ruby> <ruby>三<rt>sān</rt></ruby>

4. Jueves <ruby>星<rt>xīng</rt></ruby> <ruby>期<rt>qī</rt></ruby> <ruby>四<rt>sì</rt></ruby>

5. Viernes <ruby>星<rt>xīng</rt></ruby> <ruby>期<rt>qī</rt></ruby> <ruby>五<rt>wǔ</rt></ruby>

6. Domingo <ruby>星<rt>xīng</rt></ruby> <ruby>期<rt>qī</rt></ruby> <ruby>天<rt>tiān</rt></ruby> / <ruby>日<rt>rì</rt></ruby>

5. Escribe la hora en chino.

1. Siete y cuarto de la mañana. <ruby>上<rt>shàng</rt></ruby> <ruby>午<rt>wǔ</rt></ruby> <ruby>七<rt>qī</rt></ruby> <ruby>点<rt>diǎn</rt></ruby> <ruby>一<rt>yī</rt></ruby> <ruby>刻<rt>kè</rt></ruby>

2. Nueve y cincuenta de la tarde. <ruby>晚<rt>wǎn</rt></ruby> <ruby>上<rt>shàng</rt></ruby> <ruby>九<rt>jiǔ</rt></ruby> <ruby>点<rt>diǎn</rt></ruby> <ruby>五<rt>wǔ</rt></ruby> <ruby>十<rt>shí</rt></ruby> <ruby>分<rt>fēn</rt></ruby>

3. Cuatro y veinticinco de la de la tarde. 下午四点二十五分
xià wǔ sì diǎn èr shí wǔ fēn

4. Diez y cuarenta. 十点四十分
shí diǎn sì shí fēn

6. Contesta a las siguientes preguntas en chino según tu situación.

1. 你几点吃饭？ 我下午两点半吃饭。
nǐ jǐ diǎn chī fàn / wǒ xià wǔ liǎng diǎn bàn chī fàn

2. 你几点睡觉？ 我晚上十二点睡觉。
nǐ jǐ diǎn shuì jiào / wǒ wǎn shàng shí èr diǎn shuì jiào

3. 你几点看电视？ 我晚上五点看电视。
nǐ jǐ diǎn kàn diàn shì / wǒ wǎn shàng wǔ diǎn kàn diàn shì

4. 你几点回家？ 我下午三点半回家。
nǐ jǐ diǎn huí jiā / wǒ xià wǔ sān diǎn bàn huí jiā

7. Contesta a las siguientes preguntas según tu situación actual.

1. 你几岁？ 我二十三岁。
nǐ jǐ suì / wǒ èr shí sān suì

2. 你的妈妈多大？ 我妈妈五十岁。
nǐ de mā mā duō dà / wǒ mā mā wǔ shí suì

3. 你的爸爸几岁？ 我爸爸五十八谁。
nǐ de bà bà jǐ suì / wǒ bà bà wǔ shí bā shéi

4. 你的汉语老师今年几岁？ 我的汉语老师三十五岁。
nǐ de hàn yǔ lǎo shī jīn nián jǐ suì / wǒ de hàn yǔ lǎo shī sān shí wǔ suì

8. Escribe estas oraciones en chino.

1. Él no toma el avión. Trad.: 他不坐飞机。
tā bù zuò fēi jī

2. Ellos no van al cine. Trad.: 他们不去电影院。
tā men bù qù diàn yǐng yuàn

3. Papá no sabe conducir. Trad.: 爸爸不会开车。
bà bà bù huì kāi chē

4. Yo no escribo caracteres chinos. Trad.: 我不写汉字。
wǒ bù xiě hàn zì

5. El doctor Wang no está en el hospital. Trad.: 王医生不在医院。
wáng yī shēng bù zài yī yuàn

9. Ordena las siguientes palabras prestando especial atención a los adverbios 都 dōu y 不 bù. Luego tradúcelas al español.

1. 他们/是/学生/都 他们都是学生。 Trad.: Todos ellos son estudiantes.
tā men shì xué shēng dōu / tā men dōu shì xué shēng

2. 老师/都/我们/不/是 我们都不是老师。 Trad.: De nosotros nadie es profesor.
lǎo shī dōu wǒ men bù shì / wǒ men dōu bù shì lǎo shī

3. 学生 / 不 / 学习 / 都　　学生 都 不 学习。 Trad.: Todos los estudiantes no estudian.

4. 朋友 / 他们 / 都 / 是　　他们 都 是 朋友。 Trad.: Todos ellos son amigos.

5. 我们 / 喜欢 / 都 / 学习　　我们 都 喜欢 学习。 Trad.: A todos nos gusta estudiar.

10. Usa 不 o 没 para completar las siguientes oraciones y luego tradúcelas al español.

1. 这里 没 有 椅 子。　Trad.: Aquí no hay sillas.

2. 我 不 在 家。　Trad.: Yo no estoy en casa.

3. 老 师 不 去 电 影 院。　Trad.: La profesora no va al cine.

4. 爸 爸 没 有 茶 杯。　Trad.: Papá no tiene taza.

5. 衣 服 不 漂 亮。　Trad.: La ropa no es bonita.

6. 王 医 生 不 会 开 车。 Trad.: El doctor Wang no sabe conducir.

Ejercicios sección 6.1

(1)	1-C	2-A	3-B	4-E	5-D
(2)	1-D	2-E	3-B	4-C	5-A
(3)	1-E	2-A	3-B	4-D	5-C
(4)	1-E	2-C	3-A	4-B	5-D
(5)	1-D	2-C	3-B	4-E	5-A

Ejercicios sección 6.2

(1) 1-菜 2-雨 3-星期 4-些 5-打

(2) 1-茶 2-开 3-饭店 4-电脑 5-爱

(3) 1-杯子 2-车 3-家 4-后面 5-今天

(4) 1-电视 2-漂亮 3-苹果 4-电脑 5-高兴

(5) 1-都 2-会 3-点 4-块 5-喝

Ejercicios sección 6.3

1. 我想买一些水果。

2. 他们想去书店买书。

3. 我们在北京的时候去看你。

4. 李老师想喝茶。

5. 他在家工作。

6. 爸爸想喝水。

7. 这里有一些老师。

8. 你看了电影吗？

9. 我上午在家喝了茶。

10. 水果太少了。

11. 明天八月三号。

12. 她们都学习汉语。

13. 他星期一前去中国。

Ejercicios sección 6.4

1. 他在大学工作。

2. 李老师想喝咖啡。

3. 她们都学习汉语和英语。

4. 我想星期一前回家。

5. 这里有一些书。

6. 我妈妈的电脑很不好。

7. 我很喜欢这本书。

8. 这些苹果多少钱？

9. 她们都是汉语老师。

10. 老师会说一点儿汉语。

11. 猫在桌子上。

māo zài zhuō zi shàng

12. 他们在书店工作。

tā men zài shū diàn gōng zuò

13. 她会写汉字。

tā huì xiě hàn zì

14. 狗在椅子下。

gǒu zài yǐ zi xià

15. 他现在会开车。

tā xiàn zài huì kāi chē

16. 这个杯子有一点儿小。

zhè gè bēi zi yǒu yī diǎn ér xiǎo

17. 她会说汉语。

tā huì shuō hàn yǔ

18. 我女儿写了这个汉字。

wǒ nǚ ér xiě le zhè gè hàn zì

19. 你今天下午去哪儿？

nǐ jīn tiān xià wǔ qù nǎ ér

20. 我想买一点儿水果。

wǒ xiǎng mǎi yī diǎn ér shuǐ guǒ

21. 你会说汉语吗？

nǐ huì shuō hàn yǔ ma

22. 饭做好了。

fàn zuò hǎo le

23. 我没看见你。

wǒ méi kàn jiàn nǐ

24. 谁会开车？

shéi huì kāi chē

25. 回家以前他想去饭店吃饭。

huí jiā yǐ qián tā xiǎng qù fàn diàn chī fàn

26. 昨天没下雨。

zuó tiān méi xià yǔ

27. 今天星期三。

jīn tiān xīng qī sān

28. 我星期四在北京大学工作。

wǒ xīng qī sì zài běi jīng dà xué gōng zuò

29. 你的杯子很大。

nǐ de bēi zi hěn dà

30. 这里有很多人。

zhè lǐ yǒu hěn duō rén

31. 茶太热了。

chá tài rè le

32. 你的学生学习汉语。

nǐ de xué shēng xué xí hàn yǔ

33. 他们喜欢吃水果。

tā men xǐ huān chī shuǐ guǒ

34. 她昨天没吃饭。

tā zuó tiān méi chī fàn

35. 老师们都回家了。

lǎo shī men dōu huí jiā le

36. 我想回去。

wǒ xiǎng huí qù

37. 我妈妈很漂亮。

38. 老师会说汉语。

39. 爸爸想回家。

40. 你看了电影吗？

41. 爸爸昨天去了电影院。

42. 妈妈买了衣服。

43. 王老师现在在中国。

44. 你什么时候回北京？

45. 这里能做饭吗？

46. 在我家不能说汉语。

47. 这里没有汉语书。

48. 她不会说汉语。

49. 她想去中国学习。

50. 她会说一点儿汉语。

51. 我八点工作。

52. 我们五点半回家。

53. 这里太冷了。

54. 她们十二点半吃饭。

55. 我不喝茶，你呢？

56. 她们不喜欢喝咖啡和茶。

57. 妈妈和爸爸在大学工作。

58. 我们都喜欢喝茶。

Ejercicios sección 6.5

TEXTO 1

问题一：他叫小月。问题二：他是中国人。问题三：不是，他是学生。问题四：他学习汉语。问题五：他在北京大学学习。问题六：他每天早上喝茶。

Texto 2

問題一： 他叫王力。 問題二： 他是中國人。 問題三： 是的，他是老師。 問題四： 他在北京大學工作。 問題五： 他每天早上都喝咖啡。

Ejercicios sección 6.6

1. 你想去哪里学习？

2. 星期六我很喜欢做什么？

3. 我在哪儿工作？

4. 妈妈买了什么？

5. 你的书少不少？ 你的书少吗？ 你的书多不多？

6. 北京怎么样？ 北京大吗？ 北京大不大？

7. 他喜欢喝什么？

8. 哪一个是我的杯子？

9. 爸爸和谁吃饭？

10. 小月喝了什么？

11. 椅子上有什么？

12. 这里有人吗？

13. 我们想去哪儿买书？

14. 这个字是谁写的？

15. 他喜欢看什么？

16. 我明天回家。

17. 你喜欢哪个杯子？

18. 小王什么时候回来？

19. 哪个是我的？

20. 商店在哪儿？

21. 妈妈喝什么？

22. 书店里有几个人？
shū diàn lǐ yǒu jǐ gè rén

23. 这个图书馆怎么样？
zhè gè tú shū guǎn zěn me yàng

24. 那些书怎么样？
nà xiē shū zěn me yàng

25. 我们什么时候去中国？
wǒ men shén me shí hòu qù zhōng guó

26. 现在几点？
xiàn zài jǐ diǎn

Ejercicios sección 6.8

1. 学校有多少学生？ ¿Cuántos estudiantes hay en tu escuela?
xué xiào yǒu duō shǎo xué shēng

2. 我们几点回家？ ¿A qué hora volvemos?
wǒ men jǐ diǎn huí jiā

3. 哪个饭店很好？ ¿Qué restaurante está bien/es bueno?
nǎ gè fàn diàn hěn hǎo

4. 你想吃什么？ ¿Qué quieres comer?
nǐ xiǎng chī shén me

5. 你在哪儿？ ¿Dónde estás?
nǐ zài nǎ ér

6. 谁去中国学习？ ¿Quién se marcha a China a estudiar?
shéi qù zhōng guó xué xí

7. 王老师有多少书？ ¿Cuántos libros tiene el profesor Wang?
wáng lǎo shī yǒu duō shǎo shū

8. 那里有几个人？ ¿Cuántas personas hay allí?
nà lǐ yǒu jǐ gè rén

9. 她想买几个？ ¿Cuántos quiere comprar?
tā xiǎng mǎi jǐ gè

10. 爸爸去哪儿？ ¿Adónde va papá?
bà bà qù nǎ ér

11. 妈妈在哪儿工作？ ¿Dónde trabaja mamá?
mā mā zài nǎ ér gōng zuò

12. 她会多少汉字？ ¿Cuántos caracteres chinos conoces?
tā huì duō shǎo hàn zì

13. 小姐在哪儿学习？ ¿Dónde estudiar?
xiǎo jiě zài nǎ ér xué xí

14. 我们吃哪个？ ¿Cuál comemos?
wǒ men chī nǎ gè

15. 这是什么书？ ¿Qué libro es este? ¿Qué tipo de libro es este?
zhè shì shén me shū

16. 学校里有几个/多少老师？ ¿Cuántos profesores hay en la escuela?
xué xiào lǐ yǒu jǐ gè duō shǎo lǎo shī

17. 哪本书是你的？ ¿Cuál es tu libro?
nǎ běn shū shì nǐ de

18. 谁是我们的汉语老师？ ¿Quién es nuestro profesor de chino?
shéi shì wǒ men de hàn yǔ lǎo shī

19. 哪个人不会开车？ ¿Quién no sabe conducir?
nǎ gè rén bù huì kāi chē

20. 北京有几个大书店？ ¿Cuántas librerías grandes hay en Pekín?
běi jīng yǒu jǐ gè dà shū diàn

21. <ruby>小<rt>xiǎo</rt></ruby> <ruby>月<rt>yuè</rt></ruby> <ruby>说<rt>shuō</rt></ruby> <ruby>什<rt>shén</rt></ruby> <ruby>么<rt>me</rt></ruby>？ ¿Qué dice Xiao Yue?

22. <ruby>现<rt>xiàn</rt></ruby> <ruby>在<rt>zài</rt></ruby> <ruby>几<rt>jǐ</rt></ruby> <ruby>点<rt>diǎn</rt></ruby>？ ¿Qué hora es ahora?

23. <ruby>王<rt>wáng</rt></ruby> <ruby>老<rt>lǎo</rt></ruby> <ruby>师<rt>shī</rt></ruby> <ruby>喝<rt>hē</rt></ruby> <ruby>什<rt>shén</rt></ruby> <ruby>么<rt>me</rt></ruby>？ ¿Qué bebe la profesora Wang?

24. <ruby>你<rt>nǐ</rt></ruby> <ruby>喜<rt>xǐ</rt></ruby> <ruby>欢<rt>huān</rt></ruby> <ruby>哪<rt>nǎ</rt></ruby> <ruby>个<rt>gè</rt></ruby>？ ¿Cuál te gusta?

25. <ruby>这<rt>zhè</rt></ruby> <ruby>是<rt>shì</rt></ruby> <ruby>谁<rt>shéi</rt></ruby> <ruby>的<rt>de</rt></ruby>？ ¿De quién es esto?

26. <ruby>那<rt>nà</rt></ruby> <ruby>是<rt>shì</rt></ruby> <ruby>谁<rt>shéi</rt></ruby> <ruby>的<rt>de</rt></ruby> <ruby>书<rt>shū</rt></ruby>？ ¿De quién es este libro?

27. <ruby>谁<rt>shéi</rt></ruby> <ruby>会<rt>huì</rt></ruby> <ruby>汉<rt>hàn</rt></ruby> <ruby>语<rt>yǔ</rt></ruby>？ ¿Quién sabe hablar chino?

28. <ruby>那<rt>nà</rt></ruby> <ruby>是<rt>shì</rt></ruby> <ruby>什<rt>shén</rt></ruby> <ruby>么<rt>me</rt></ruby>？ ¿Qué es eso?

9. REFERENCIAS PARA PROFUNDIZAR EL ESTUDIO

ARCODIA, G. F., & BASCIANO, B. (2021). Chinese linguistics: An introduction (1.a ed.). Oxford University Press.

ARSOVSKA, L. (2011). *Gramática práctica del chino* (1. ed). El Colegio de México.

CIRUELA ALFÉREZ, J. J. (2012). El pensamiento lingüístico en la China clásica. Comares.

FISAC BADELL, T. (2023). Claves de la gramática china. Bellaterra Edicions.

HEISIG, J. W. (2009). Hanzi para recordar: Curso mnemotécnico para el aprendizaje de la escritura y el significado de los caracteres chinos. Herder.

LI, D. (李德津), & CHENG, M. (程美珍). (2003). Waiguoren Shiyong Hanyu Yufa 外国人实用汉语语法 [A practical chinese grammar for foreigners]. Beijing yuyan daxue chubanshe.

LU, F. (卢福波). (2014). Duiwai Hanyu jiaoxue shiyong yufa 对外汉语教学实用语法 [Gramática práctica para la enseñanza del chino como lengua extranjera]. Beijing Language and Culture University press.

LU, Q. (陆庆和). (2013). Shiyong duiwai Hanyu jiaoxue yufa实用对外汉语教学语法 [Gramática al uso para la enseñanza del chino como lengua extranjera]. Beijing University Press.

LÜ, S. (吕叔湘) (Ed.). (2005). Xiandai Hanyu babai ci 现代汉语八百词 [Ochocientos palabras del chino moderno]. Shangwu yinshu guan.

MARTÍNEZ ROBLES, D. (2007). La Lengua China, historia, signo y contexto/ China Language, History, Context And Sign Una Aproximacin Sociocultural/ a Socio-cultural Approach. Uoc S.L. Editorial.

QUEROL BATALLER, María. (2009). Analogías y diferencias en la creación del chino y español estándar. Universitat de València.

ROCHE, P. (2014). Grammaire active du chinois. Larousse.

ROSS, C., & MA, J. S. (2014). Modern Mandarin Chinese grammar: A practical guide (Second Edition). Routledge.

ROVIRA-ESTEVA, S. (2010). Lengua y escritura chinas. Mitos y realidades. Edicions Bellaterra.

TENG, W.-H. (2016). Essential Chinese vocabulary: Rules and scenarios. Routledge.

TENG, W.-H. (2017). Yufa! A practical guide to Mandarin Chinese grammar (Second edition). Routledge, Taylor & Francis Group.

YIP Po-Ching & Don RIMMINGTON. (2015). Gramática de la lengua china: Adaptación al chino-español de Taciana Fisac (Taciana Fisac y Luis Roncero). Cátedra.

YIP, P., & RIMMINGTON, D. (2014). Gramática básica del chino: Teoría y práctica. Adeli Ediciones.

YIP, P.-C., & RIMMINGTON, D. (2015). Gramática intermedia del chino: Teoría y práctica. Adeli.

ZHANG, P. (2007). Radicales chinos más comunes. Sinolingua.

ZHOU, M., & XU, Z. (1997). Gramática china. Servei de Publicacions de la Universitat Autònoma de Barcelona.

LV-2-2